A magia das letras
Volume I
Aqua

António Almas

Ficha técnica

Título: Aqua

Autor: António Almas

Colecção: A Magia da Noite

Edição: Edição Própria de António J. F. Almas

Apartado 111

7160-999 EC Vila Viçosa

edicao.propria@gmail.com

Design e Paginação: António Almas

Impressão: P.O.D.

ISBN: 978-989-96808-2-1

Depósito Legal: 332296/11

Vila Viçosa, 30 de Setembro de 2011

O início

Há na forma como juntamos as letras combinações mágicas que se conjugam para formar frases quase perfeitas, formulas e segredos. Esta forma diferente de passar sentidos reflecte-se na forma como quem lê sente aquilo que quem escreve quer dizer. A magia das palavras é um conjunto de textos, escritos de uma forma poética, onde o autor tenta transmitir sensações, emoções, tenta despertar os sentidos do leitor através de metáforas e frases místicas que chegam a tocar o ser interior que nos habita.

Nesta perfusão de sentidos, plenos de intenções e sensualidade, há também lugar a sonhos que se constroem com a estrutura das frases, na frequência dos parágrafos como se fosse edifícios inventados pelo escritor e habitados por quem o lê.

Ganham forma as luzes que clareiam a noite. Do breu nasce a vida em asas que voam sobre o espaço vazio. Da música soltam-se as letras para dançarem com os sons, envolvendo-se em passes de magia. Na brisa esvoaçam borboletas de todas as cores, e o ar perfuma-se da essência que as flores soltam ao desabrochar.

As cores soltam-se do branco, formando uma paleta de tons suaves que pintam no negro a paisagem do oceano. A Lua veste-se de Sol, e os pássaros despertam das árvores acabadas de pintar. As estrelas emprestam o seu brilho à água do mar e a Natureza veste-se de verde para desfilar no paraíso.

Os dedos agitam-se, recriando o vazio, preenchendo-o, dando-lhe a vida que a escuridão lhe havia retirado. Nasce, por artes de magia um novo mundo, lugar onde o silêncio se pode escutar por detrás das melodias que pairam no ar. Um lugar onde os sonhos são a mais pura realidade, onde os ventos sopram suaves e a luz será presença constante, mesmo na noite mais escura.

Esta não é uma noite qualquer, é mágica, faz-se dos teus pensamentos, dos sonhos que não te atreves a sonhar. Aqui podes encontrar-te, por entre as palavras que me sussurras ao ouvido e que escrevo, como se fossem tuas, pintadas de fresco com as letras mágicas da noite.

Traço sobre o ar o arco de um corpo por inventar. Espero que a brisa lhe confira dimensão. Que a luz lhe entregue a forma. Espremo a essência dos sons entre sílabas de ternura. Bebo o sal da vida que soltas em lágrimas de saudade. Colho todos os elementos para te reviver, para animar teu rosto com os sonhos e quimeras que inventámos.

Dos lábios solto as palavras mágicas que te tornam palpável, e ali mesmo, existes. Trouxe-te de tempos imemoráveis fazendo-te presente entre as frases que os dedos soltam sobre a folha nua duma brancura imaculada. Feitiço que invento, ou, simples alucinação.

Deslizo sobre os acordes desta música celestial, para segurar teu corpo contra o meu, fluindo sobre este lago de águas paradas que nos serve como espelho, chão que não tocamos, tangente que não ousamos quebrar.

Estiro o braço e solto dos dedos as centelhas que salpicarão o céu, numa noite estrelada. Segues-me em cada passo, em cada oscilação do corpo, como se fosses eu. Danço-te, por entre as nuvens, entre o brilho da Lua e os raios do Sol. O dia segue, colado com a noite, num entardecer suave, vem a madrugada lembrar-nos que outra volta demos ao Universo, o tempo suspende-se duma estrela cadente para nos ver deslizar ternamente.

Este é o presente, que como uma flor te entrego, recordação de um futuro que o passado carrega na palma da minha mão. Singela

homenagem a ti mulher de mil rostos, que me segues para onde quer que eu vá.

Procuro na maresia extractos da tua alma, estilhaços dos sentidos perdidos em pequenos nadas. Filtro perfumes da tua essência, descubro-te nos vazios do espaço, aglutino-te numa única luz, numa única alma.

És energia constante, fluxo de forças que deambula por galáxias, atravessando universos em busca de corpos que comportem a sensibilidade que carregas. Vestes mil rostos, corpos que se ajustam às formas mais diversas do teu ser.

Afogas-te em mágoas quotidianas, em vidas desperdiçadas em busca do sublimar dos sentidos, encontras-te no toque dos dedos que acariciam o teu corpo, a pele arrepia-se ao encontrar-se com o êxtase da libido, mas, a tua alma clama por outros prazeres.

Choras quando descobres as notas com que construíste a tua canção, as letras que cantam a música da alma, choras ao perceber que há algo para além do corpo que vestes, que há dedos que tocam para além da tua pele, que te abraçam a alma e te fazem voar, sem asas.

Sorris, porque percebes que alguém te segue por todas as dimensões e espaços, e que, mesmo no vazio das tuas quedas, há uma mão que te ampara, uma asa que se solta e te agarra, não

permitindo que te percas no abismo.

Para mim, seguir-te é destino, descobrir-te é desafio, encontrar-te é a fé que me faz caminhar pelos caminhos perdidos entre as dimensões, sabendo que em todas elas te encontrarei, me farei presente em ti, deixando indelével marca da minha constante presença em tua alma.

A vida, entre dimensões, revela a verdadeira essência da alma. Neste lugar em que o tempo se move em ritmos diversos, somos raios de luz cruzando a escuridão, como cometas no espaço escuro. Na minha mão, seguem pós mágicos, recordo mentalmente os ingredientes de poções, palavras encantadas que se revelam em explosões de cor.

Do arco-íris despego cada uma delas e sobre o azul dos céus recrio a natureza, qual rio que flui até ao mar, qual oceano que abarca todas as lágrimas salgadas da humanidade. A dor refaz-se, ao vestir a seda do amor, invertendo no rosto os lábios que se exprimem através dum leve sorriso. Se a ti chegarem estas letras e conseguirem fazer-te brilhar os olhos e sorrir os lábios, significa que a magia desta noite não se terá dissipado, significa que os sentidos continuam a ser amados.

E, depois de ter chegado, de ter adormecido no teu peito, aquecido e iluminado a tua alma, posso deixá-la brilhar, pois já adquiriu a sua

própria luz. Saio de mansinho, para que não notes a minha ausência, e dela não faças nascer a saudade. Sabes? Embora quando me procures não me encontres, estou sempre lá, porque o óleo que mantém a lamparina acesa contem essências de mim que jamais esquecerás.

Um dia vou voltar, para alimentar a mesma chama que agora arde com fulgor, porque não a quero deixar apagar, abrir-me-ás a tua porta, e entrarei de novo, como a brisa de um vento suave, para ficar, mais um pouco, em ti.

É a madrugada que me acorda os sentidos. Na penumbra procuro as letras com que faço as palavras que descrevem os traços suaves do teu corpo. Na ponta dos dedos sinto o papel deslizar, como seda da tua pele macia. Entre as frases sinto o perfume dos teus cabelos, e, em cada paragrafo descubro o brilho dos teus olhos de mar.

Os primeiros raios de Sol penetram por entre as árvores da floresta, entrando em meu quarto, anunciando o dia. Descubro na neblina a tua forma, que sobe do solo húmido, materializando-se em ti. Entras e estendes-me a mão, conduzindo-me para lá da clausura das paredes. Sinto o corpo levitar, sigo-te em direcção aos céus, envolto no teu corpo volátil.

Perco a noção de espaço, o corpo desmaterializa-se em milhões de minúsculas gotículas de água, sou nevoeiro, enlaçado em ti.

Essência da mesma matéria, deixamos-nos guiar pelo vento, que nos arrasta para lá dos limites do nosso Universo. Sinto a tua alma olhar a minha, num fluxo de energias convergente, que nos funde num abraço imaginado, sentido, apertado.

Dei-te corpo com as minhas letras, fizeste-te mulher ao meus olhos e levaste-me, numa viagem infinita, para lá do tempo, ao paraíso na minha imaginação.

Neste espaço vazio onde apenas os ecos do tempo se propagam pelas paredes desnudas de um quarto que outrora foi um lugar mágico, sento-me, bem no centro do circulo, onde todos convergem para sentir a força dos universos paralelos penetrar a minha mente, elevando-me o corpo.

Do céu precipitam-se letras, em formatos sensuais, como se vestissem o teu próprio corpo, como um vestido justo e translucido que revela toda a magia que a tua pele encerra. As minhas mãos agitam-se no ar, desenhando símbolos antigos, palavras à muito esquecidas. do nada surge a imagem de ti, que se agita ao sabor do fumo do incenso que magicamente começou a arder. Caminhas na minha direcção e eu estendo-te minha mão, recebendo teu corpo no meu, sentindo o perfume oriental que a tua alma me aporta.

Este santuário onde noite após noite, nos encontramos, onde em madrugadas a fio nos tomamos como partes iguais de um único ser,

é uma porta aberta no tempo, túnel de comunicação entre mundos adjacentes que nos deixa atravessá-lo, permitindo-nos a magia de um encontro. Magia ou pura ilusão, é pergunta à qual não ousamos responder sob pena de perder este truque que o tempo nos oferece, como ponte entre duas margens de um mesmo rio, como lugar secreto, caminho escondido por detrás dos segundos que o relógio vai marcando.

Na ausência do tempo que passa, somos eternamente amantes.

A frescura da manhã desperta-te do sonho, acordada por uma brisa suave sobre a tua pele, por instantes pareceu-te que alguém te tocou, mas, olhas em redor e não está ninguém. Lá fora o Sol espreita entre a folhagem das árvores, pássaros cantam mesmo junto ao beiral da janela mais próxima.

Não te recordas do que sonhaste, mas sentes uma estranha presença, como se alguém estivesse a teu lado, mas não o pudesses ver. No ar circula ainda o perfume de incenso que deixaste arder na noite anterior, um resquício da magia que as essências operam na tua alma. Não sabes como adormeceste, não te lembras sequer de teres vestido a camisola de dormir.

De repente uma música suave não te sai da cabeça, como se realmente tocasse, se espalhasse por todo o quarto, transpondo até as paredes e misturando-se com o cantar dos pássaros. Um outro

arrepio na pele, trás de volta a sensação de alguém que te toca o corpo. Sentas-te no cadeirão em frente da porta da varanda, os raios de Sol vêm pousar sobre a seda da tua pele, deixas-te ficar a olhar o infinito.

Saio com um afago no teu cabelo, como se fosse novamente a brisa que o elevasse suavemente, a claridade do dia dilui-me, absorvendo a energia deste corpo etéreo, que segue nas asas do vento.

Faço-me com o meu próprio silêncio. As palavras escondem-se nas sombras da alma, como se fossem folhas caídas num Outono qualquer. A música recolhe-se em cada instrumento, como se fugisse da pauta. O espírito desvanece-se como fumo de incenso, diluindo no ar a magia que o corpo já não consegue absorver. Neste instante recolho das lágrimas a tua essência perfumada, como elixir secreto guardado na luz dos meus olhos. Sopro teu rosto sobre a areia do deserto, e da tempestade nasces. Um turbilhão de emoções que ganha ânimo num sonho qualquer. Eu, ofereço-te as asas de anjo, e espero sentir nos teus braços o conforto que me dás.

A areia quente, desliza sobre os meus dedos, na ânsia de se encontrar com o mar dos meus olhos, para juntos se deixarem ficar, saboreando a ausência deste tempo que os espera mais além. Grito o teu nome, sentindo-te escorrer por meu corpo, como água

perfumada que absorve os meus sais. Contornas o meu perfil como
pincel em tela fresca.

Esta magia, que a cada instante faço acontecer, faz-te voltar a mim,
como se nunca houvesses partido, como se simplesmente
houvesses ficado, aqui, para sempre.

Entre letras e formulas se escondem os segredos de um mundo
perdido no tempo. Um lugar esquecido nas mente dos Homens,
nesse lugar, onde as sombras se misturam com a luz, os corpos se
fundem nas almas, os sentidos regem os movimentos de um
Universo muito maior que aquele que os olhos podem observar.

O caminho para atingir a plenitude, para saber chegar a esse lugar
mágico, está dentro de cada um de nós. Manifesta-se nos sonhos
que temos, como mensagem subliminar, como voz sem rosto, como
imagem difusa na mente ancestral. Há uma parte de nós que guarda
a essência do início. Por entre uma amalgama de emoções,
recordações e sensações que pensamos ser apenas loucura, está a
chave que abre o portão deste jardim secreto, que se fecha sobre
nós.

Para podermos visitar esse paraíso, onde os sonhos são pedaços
de realidade, e o tempo não flui, apenas nos espera como um
companheiro que connosco quer ficar, temos de ser capazes de
sentir para lá dos limites da nossa pele, saber pressentir a presença

desse lugar, para poder entrar nele, levando em nós a essência do nosso ser. Qual elixir de juventude, beberemos das fontes do prazer, descobriremos que a luxúria jamais será um pecado, mas apenas o sublimar dos sentidos da carne com um toque de amor.

Tentai sentir estas palavras, perceber como têm forma, corpo e alma, como transportam com elas as essências, os segredos desse jardim, onde só vai quem se recordar do principio dos tempos.

Nasce a noite com a magia das palavras. Momentos em que somos muito mais que nós próprios. Instantes em que os ecos da eternidade se mesclam com os corpos e libertam as almas que se diluem na atmosfera. Passo a passo, persigo o teu corpo, inalo o teu perfume como se fosse poção mágica que inebria os sentires.

Detrás de mim vem a tua alma que persegue a minha, num jogo, numa dança mística que nos eleva no astro, configurando um magnifico bailado. Depois, nasce no horizonte polvilhado de estrelas um sol pálido, uma luz clara e terna, guiamos nossos passos por ela. A música incendeia-nos o ventre, num azul marinho que nos envolve. Uma nuvem passa entre nós, como que a desejar abraçar-nos um ao outro, e as estrelas apertam-nos as cinturas com o desejo de nos manterem unidos, para sempre.

Para lá deste lugar, os deuses observam-nos, tentando perceber os sentidos que de nós emanam, cogitando. Juntos somos uma estrela

em formação. um novo astro para um novo céu. Profecia anunciada entre páginas empoeiradas do livro do tempo. Dois pedaços de um ser mágico separados no passado, unidos no futuro que nos aguarda de braços estendidos para lá do Universo.

Hoje somos pássaros que partilham as mesmas asas, somos penas de um mesmo corpo, somo sonhos de uma mesma quimera. A força que em nós reside faz-se luz na escuridão da noite, a dualidade fundiu-se na unidade, na essência que se libertou dos aditivos para ser única e exclusivamente pura.

Pela janela entreaberta entra a noite, como brisa fresca que invade o quarto. O corpo deitado sobre a cama, abraça-a, recuperando a alma primordial. Essência que viaja pelo tempo, trespassando barreiras, vidas e dimensões procurando a outra metade de si mesma. Sente-se o corpo levitar, como se pairasse no ar. Entre os dedos sente-se a vida fervilhar, como água efervescente, num momento, desliza o corpo para lá das estrelas numa viagem alucinante em direcção à luz.

Abres os olhos ofuscados pela luminância do lugar, aqui tudo é brilhante, como branco imaculado. Estarás no céu? Terás morrido? São perguntas que pairam no teu pensamento. Não te sentes como um ente físico, o teu corpo é etéreo, um aglomerado de energias que fluem em diversas direcções. Escutas a suave música que se

dissipa na atmosfera surrealista deste lugar mágico onde tudo parece ser apenas um sonho.

Encontraste naquela brisa nocturna, o caminho para o centro do teu Universo, um lugar onde a alma descobre o equilíbrio metafísico que sempre procuraste, onde tudo é exactamente como os pedaços de sonhos maravilhosos que por vezes sonhavas. Lembranças, retalhos deste lugar que há muito não visitavas. Agora que estás aqui, entendes, mesmo sem teres de perguntar, todos os porquês, definições que outrora te pareceram dúbias. Tudo é claro e cristalino aos teus olhos.

Encontraste-te, muito para lá dos limites do teu corpo, muito longe do limiar do teu horizonte físico. Podes aqui voltar, sempre que fores capaz de deixar entrar a magia da noite, como uma brisa fresca, pela janela do teu quarto, transportando com ela a outra metade de ti, mapa que te indica por onde seguir, água purificadora que te desprende as amarras que te seguram à realidade, libertando-te para a viagem suprema ao teu mundo.

Encho as mãos com essências da tua alma. Preencho o vazio com resquícios do meu ser, como pedaços de histórias contadas aos ventos. A magia flui como água, qual rio que se precipita do alto da montanha. Teu corpo refresca-se, mergulhando nas mansas vagas deste mar construído com silêncios e letras recortadas das palavras

que te escrevo.

Sentes em cada toque a minha pele, sentes em cada gota o meu corpo que por ti resvala, entranhando-se em cada poro. A tua boca bebe a sede que há em mim, como se me tomasses num cálice de vinho quente e mel. Os teus olhos seguem a cor do mar como se fossem o próprio céu que se atreve a tocá-lo nos limites do horizonte.

Neste enredo de histórias que se cruzam em pontos convergentes, falamos, dizemos o que nos apetece, sem saber se se seguem as regras impostas pelas frases, ou as vontades dos sentidos que nelas se reflectem. Somos um livro em construção, feito de formulas alquímicas que nos enchem a alma e o coração.

E a magia que a noite nos oferece, é pano de fundo, é lugar onde tudo simplesmente acontece.

Sentir-te o corpo, com a alma dentro, saber-te em mim em qualquer momento, faz-me saber onde encontrar o caminho, onde descobrir as palavras e dar-lhes o sentimento que queres entender. Saber decifrar o mistério do teu olhar, conhecer o teu paladar, porque o beijo eterno o guardou na minha boca, é como saborear o gosto suave do ar, perfumado de fragrâncias que se soltam da tua pele.

Perceber onde estar quando me procuras, sentir-te abraçar-me no ar, como se estivesse lá, é criar por si a magia de constantemente

me inventar. Voar, sem asas usar, como um pássaro livre em céu cor de mar, sonhar, e sonhar em ti. A magia é o encanto de sabermos estar onde ninguém nos pode encontrar, de sabermos sentir os corpos fluir num sentido louco de prazer que nos mata a sede e nos dá de beber.

A noite, com sombras carrega, os corpos exaustos para leito de rosas, as almas há muito se dissolveram no astro que polvilhado de estrelas invade os céus para nos guiar. O luar, é farol que ilumina a costa, o vento, murmúrio que de nós vai falar, como se escrevesse sobre a areia vazia da praia, uma história por contar.

Partimos sempre em direcção ao mesmo lugar, mas nunca, nunca nos esquecemos de voltar.

Nesta noite de Lua cheia, deixo partir os sentidos, deixo a alma seguir e abandonar o corpo, como se me despisse de mim. Os tormentos assolam a carne que fragilmente cede e cai sobre o chão húmido, enquanto a força dos sentidos reboca a alma para o infinito. Neste mundo das sombras, sou uma pequena luz, estrela solitária em pleno firmamento, centelha que brilha na escuridão da noite, como faisca que serve de ignição para uma explosão de magia.

Dos dedos imaginários nasce uma bola de fogo azul, como se a água subitamente queimasse a pele, um pequeno globo de mar a fervilhar, soltas-te como a água que se precipita na cascata, e fluis

por todo o meu ser diluindo-me em ti. Invades-me com o teu mar azul, fogo ardente em tons de gelo eterno, que sustenta e anima o meu ser, perfumando o ar escuro desta eterna noite, fazendo-me lembrar dos milénios em que não te tive. És elixir da vida, gota mágica que me reanima, me fortalece e sustenta, num ciclo mágico que nos mantém juntos desde os princípios dos tempo.

O corpo não resistiu às emoções, ao tempo, e, colapsou, caindo sobre os joelhos, num grito agonizante que marcou o seu fim. Mas, a alma, soltou-se num salto gigante, agarrando-se a ti, e elevando-se nas asas do teu espírito para atingir o céu da nossa própria eternidade. A calma voltou a tomar conta deste Universo, e todas as coisas se encaixaram nos seus devidos lugares. Regressou o silêncio e eu deixei-me estar abraçado a ti.

Fermentam os sentidos à flor da pele, o ar preenche-se dos cheiros húmidos do prazer, a boca enche-se da água do desejo e o corpo não comporta o despertar da luxúria, explodindo numa onda que mergulha todos os poros num êxtase inimaginável.

Depois do dilúvio, restam apenas gotas de suor dispersas, escorrendo, contornando cada protuberância, deslizando lentamente, arrefecendo até a alma, que em silêncio se abraça aos sentimentos.

Os olhos acordam para fazer respirar a vida, o relógio retoma o seu

compasso marcando o próximo segundo. A luz refracte-se e o mundo recompõe-se, a voz nasce do fundo da garganta, o som ganha as asas dos pássaros que lá fora voltam a palrar, os lábios esboçam um sorriso pleno e a satisfação invade cada átomo fazendo nascer os primeiros movimentos.

Aos poucos a gente regressa à Terra e nós, ali deitados, descobrimos os nossos corpos dispersos sobre a superfície nua da cama. O branco imaculado interrompe-se aqui e ali pelo carmim das pétalas de rosas que nos serviram de lençol. A atmosfera carrega ainda o sal dos corpos, mesclado com os aromas frutados das especiarias que o incenso se encarregou de distribuir.

O tempo sobra quando o teu corpo se encosta no meu. A luz ganha asas e quebra em estilhaços a escuridão que a noite esconde. As bocas, sedentas, bebem-se em gotas de mel feito do prazer com que se beijam. As mãos, divagam pelos corpos descobrindo os prazeres que a pele lhes oferece. As vozes calam-se nos murmúrios que apenas o silêncio consegue escutar.

Gemem, vibram as almas em desassossego, absorvendo o prazer de se fundirem num abraço. Dançam, em comunhão perfeita com os corpos, uma música inventada, uma valsa encantada. O ar agita-se ao balançar de corpos possuídos pela luxúria, pelo prazer de serem um do outro, num bailado sensual.

Flui o tempo, o erotismo carrega a atmosfera com a névoa da paixão, e os corpos húmidos absorvem a maresia do sal que lhes escorre pela pele. A cada segundo, solta-se a voz nas gargantas, gemidos de êxtase percorrem a penumbra anunciando a chegada duma outra dimensão, que nos suga e nos transporta pelo portal da loucura até ao clímax do nosso Olimpo.

Ali mesmo acabamos com a noite, fazendo nascer o dia num olhar, num beijo, abandonando os corpos ao cansaço.

Sigo o rumo do teu perfume, deslizando sobre tua pele como tapete de seda que me acolhe, bebendo o sal do teu suor que me acrescenta a sede do teu ser. Não és ilusão, fantasia, ou mesmo utopia. As minhas mãos moldam-se aos sulcos do teu corpo, descobrindo-te com a ponta dos dedos como se fosses flor imaculada.

Tu entregas-me o corpo, invólucro de tua alma, prisão ambulante dos teus desejos inconfessáveis. Acendes os sentidos como farol que irradia beleza por todo o espaço que nos envolve. Ofuscas o meu olhar com a luz incandescente da tua aura e deixas que te conduza, como se dançasse o teu corpo em meus braços.

Tua boca move-se pronunciando em silêncio as letras de uma canção por escrever, teu coração marca o ritmo deste bolero que te agita. Fluis em mim como uma vaga de mar, água fresca que me

abraça num turbilhão de prazer fazendo-me perder o equilíbrio. Precipito-me em teu abismo azul, oceano profundo de luxúria em que desejo afogar-me.

Silêncio... não digas nada... sente apenas a minha chegada, saboreia o suco dos meus lábios que sustentam agora os teus... deixa que te leve para outra dimensão, numa viagem de loucura, em que ambos seremos um corpo só, deambulando sobre o palco ao som desta música.

A sensualidade do teu corpo inspira o traço da minha mão. O tom da tua pele aporta cor ao meu desenho e nasce, sobre o branco da folha, a escuridão do carvão que descreve em círculos as curvas do teu perfil. A magia que emanas, contagia a minha alma, brilhas na penumbra denunciando os teus contornos.

Da loucura da minha mente desencravo as palavras para te escrever, como um pintor que te desenha, escrevo-te, descrevo-te, em letras e quadros numa imparável torrente de inspiração que começa em ti e me trespassa, deixando o meu corpo num transe. Dos traços iniciais já nem a tela se recorda, como por magia, uma imagem do teu corpo instalou-se nela, acomodando-se numa pose lasciva.

Pinto-te, contorno-te o corpo com as tonalidades da tua tez, um reflexo da aura multicolor que paira em teu redor. Numa explosão de

sentidos as palavras afligem-se por não conseguirem descrever-te e a tela sente-se pequena para comportar a tua beleza, deixando apenas que o espectador veja um pedaço de ti.

Teu corpo é como folha branca, um livro inteiro por escrever. Esperas que os meus dedos sejam o lápis que desenha formulas mágicas, ancestrais ícones que escondem em ti os segredos da vida, guardados na alma pura que transportas dentro do corpo. O teu corpo é luz, verso duma canção por escrever, ou simples letra, palavra alada que percorre as páginas, desenhando os traços de um rosto que se esconde em teus cabelos.

Debruço-me sobre ti, abrindo a mente, deixando fluir a alma, os sentidos espalham-se sobre as letras que se escrevem sozinhas, como se o papel já as soubesse de cor. E nasces ali, imaginada, por entre uma amalgama de sensações, feitiços e magia. Eu, feiticeiro que murmura em silêncio as palavras mágicas, o homem que te busca através dos tempos, juntando cada pedaço teu em um só corpo, um só espírito que caminha através da luz, quebrando as trevas que o escondiam.

Sinto a tua mão que salta do papel para acariciar a minha face exausta, vejo pela primeira vez em muitos séculos o teu olhar fixar-se no meu, e o teu corpo emergir como se saísses de um lago de águas calmas. O teu abraço... ah... o teu abraço recebeu o meu

corpo que se sentiu dentro do teu como se acabasse de chegar a casa.

Sento-me no chão, na mão, a caneca de chá quente dispersa aromas de maçã e canela pelo ar. Olho o firmamento, perscrutando por entre estrelas e galáxia um sinal. A noite abraça-me como cobertor quente que me afaga nesta fria madrugada de final de Verão. Escuto a coruja que na árvore mais próxima quebra o silêncio da noite.

Tomo um gole desta infusão, sinto a alma acender-se no peito com o calor que este líquido me aporta. Por instantes parece-me ver o teu olhar por detrás de Vénus, lugar propício para te sentir, no desejo que ofereces em cada toque, na luxúria que teu corpo destila. Eu, persigo-te, despojando-me da minha armadura de guerra, qual Marte desejando-se Apolo, sigo no rasto deste cometa, cabelo que soltas voando pelo Universo.

Subitamente sinto um arrepio na nuca, uma brisa que se esconde nos meus cabelos. Instintivamente sinto a tua presença, escuto sobre a grama a suavidade dos teus passos, e um murmúrio... "amor!" Olho, e vejo-te chegar, carregas nas mãos o teu chá e pedes-me que te abrigue no meu cobertor.

Ficámos ali até o dia nascer, contemplando o Universo que se estendia à nossa frente, abraçados um ao outro e sonhando com

Vénus e Marte, dançando por entre as galáxias.

És fogo, paixão ardente, letra que minha palavra escreve. És dia em plena noite, murmúrio que minha alma sente. És água que pelo meu corpo escorre, torrente que em meu sangue ferve. És abraço ausente, saudade premente, dor que meu peito enche. És luz que meus olhos ofusca, vento que me fustiga, silêncio que me invade a mente.

Debruço-me sobre as letras, procurando nelas a tua presença, escuto na ponta do lápis os lamentos que o tempo me oferece. Na solidão da noite, sou barco à vela perdido, naufrago esquecido, ou simples alma perdida num oceano de palavras vazias. Procuro um sentido, uma imagem um guia, luz terna que me alumia. Corro sobre as frases como criança perdida em plena catástrofe, como pássaro açoitado pela tempestade.

A luz da vela projecta-me contra a parede vazia do quarto, lá fora escuto as primeiras chuvas de inverno precipitarem-se sobre as vidraças, aqui, embrenhado nos meus sonhos, escuto um leve murmúrio da tua voz, como se quisesses quebrar a minha solidão, como se quisesses levar-me contigo para outra dimensão.

Das mãos em forma de concha faço nascer teu corpo envolto numa túnica de névoa que te abraça. Este momento de magia que apenas os meus olhos podem captar, trás à minha alma o conforto que a saudade há muito lhe havia roubado. Olhas-me tão profundamente que consegues tocar o meu espírito que se esconde detrás deste mar de lágrimas que me transborda do olhar.

Estendes a tua mão e sobre a palma vejo o meu corpo adormecido, qual criança em berço deitada, enquanto velas o meu sono e afagas os meus cabelos. Seguras-me como se fosse uma porcelana rara, cuidas-me como se fosse parte do teu próprio ser. Sinto o calor do teu corpo aquecer o meu, sinto a brisa da tua respiração contornar o meu perfil, num cálido vento perfumado de aromas de canela e mel.

Sinto o teu corpo encostar-se ao meu, o teu braço procurar o encaixe perfeito na minha cintura. O teu peito toca as minhas costas e cobres-me como um manto quente e suave que me conforta. De olhos fechados, na noite escura, sei que dormes a meu lado, colada na minha pele, como anjo protector. Escuto, o murmúrio suave da tua voz, que ao ritmo de uma música suave me canta uma canção de embalar.

Paro, deixo ouvir o silêncio, como testemunho deste breve momento. Escuto, o vazio perfumar-se de incensos, o nada vestir-se de luz e a música fazer tocar os instrumentos. Deixo a voz sentir o

grito, as mãos agarrarem o ar como instante em que quero ficar. És noite em mim, momento secreto que escondo no peito. Paixão ardente que consumo. Flor de perfume perfeito.

Sou teu, pedaço de vida perdido, lugar algures esquecido que visitas na ânsia de não te apagar. Sou chama eternamente acesa, fogueira que se consome em brasas escondidas, cinza quente que aquece ter corpo dormente. Sou tecido que te veste, véu que tua nudez esconde, encontro imediato, vertigem que teu ventre estremece.

Abro o Sol no meio da tua noite, faço-te mulher em meus braços de chuva, como água, pura que te inunda, como êxtase profundo que te penetra num orgasmo, num eclipse da mente sobre o corpo, como o fogo que queima a água, como o frio que derrete a cera. Gritas, porque não consegues conter o prazer, porque te sentes plena em mim, porque me sorves em tua inspiração.

O universo contrai-se, juntamente com os corpos em plena explosão, sensação que nos tolhe e inebria. Caímos, no abismo da nova imaginação, no vazio da nossa própria realidade.

Venho, do fim do Mundo, num voo rasante sobre as águas, procurando as almas que perdidas na imensidão do oceano chamam o meu nome. Grifo alado sobre o vazio do ar, escuto-te o pranto da alma, o clamor que o silêncio da tua boca se recusa a gritar. Estiro os meus braços feitos de frases encantadas, momentos

mágicos por descobrir. Pego o teu corpo, carrego-te no colo como se fosses um manto de pura seda.

Os teus olhos iludem-se com a minha imagem, pensando-me outro alguém que não sou. A tua pele sente-me como se conhecesse meu corpo há muito ausente. Recebo-te, mesmo sabendo quem não és, abraço-te mesmo sentindo que teu coração não escuta o meu. Sei que te faço falta, sei que me fazes falta, porque ambos estamos perdidos em mares de palavras ocas, em vazios que todos escutam mas ninguém entende.

Em mim descobriste de novo o teu jardim secreto, lugar de mistério que te protege, onde os sonhos são realidades e eu tenho um outro nome. Sustento o teu corpo, na esperança que não queiras ir embora, que esta utopia seja um momento no tempo em que este se detenha para não se desvanecer.

Teu corpo desliza no ar, agita-se em ritmos lentos, seguindo o compasso da dança. O céu escuro da noite, aconchega-te a alma. Estendo-te a mão, ofereço-te o meu corpo como suporte do teu, meu ombro para repousares tua cabeça, e dançamos. Não existe música, mas ambos conhecemos o ritmo da vida. Os corpos colados acompanham-se em passos calmos, uma troca de silêncios, de olhares e sentimentos.

Escuto os teus pensamentos, conheço-te, sei entender nos teus

gestos o próximo passo, sei perceber num olhar a frase que se segue. Há muito que te sei, há séculos que te ouço, há uma eternidade que te sinto. Falas, sem nada dizer, porque nada precisa de ser dito, apenas, sentido. Mais um passo, uma nota perdida nesta música inaudível, bailado perfeito, corpos em movimento.

Ouves os meus lamentos, que com o vento afagam teus cabelos, escutas porque ouvindo também te libertas desse peso, da mágoa imensa que carregas no peito. Sabes ouvir-me como ninguém, conheces-me porque me encontras em vários homens, porque sabes da minha existência deste o princípios dos tempos. Já conheces os prantos da humanidade, vê-los crescer e morrer em tantas almas.

Acaba a música, mas continuamos ali, no meio da sala, corpos colados, almas pegadas, em pleno desalinho, reconfortadas, abraçadas.

Sigo o rasto do teu perfume, marca indelével da tua presença em mim. Viajo por céus e mares, cruzando tempestades e turbulências na senda do teu corpo imaculado. Porto de meu abrigo, conforto da minha alma que quer para sempre fundir-se na tua. És brisa de primavera, chuva fresca de verão que meu corpo bebe em gotas salgadas do teu sabor.

Sou lago imenso, onde te mergulhas, lugar eterno onde serás

sempre jovem, como Shangri-La perdido em altas montanhas, onde o tempo se segura para não avançar, onde és apenas minha. Sou a noite tranquila que teu corpo adormece, o ombro amigo que teu peso sustenta, ou, simplesmente o sonho que tua alma almeja.

Nossos corpos juntos, formam o encaixe perfeito, a sintonia, música e letra, dança e conta-dança, Yin-Yang. O prazer que se descobrem ilumina a noite mais escura, cobre o dia com um brilho diverso, acalentando a pele e queimando a libido num perfeito momento de luxúria que agita todo o Universo, propagando-se para lá do Big Bang, abraçando a partícula divina e voltando, ao mundo dos sonhos pelo portal a alma.

Sentimo-nos nas palavras como se fossemos delas feitos, como se cada parágrafo fosse o prelúdio para um livro em branco com vontade de ser escrito.

Invade-me o tempo, que com lágrimas de chuva me vem molhar o corpo desprovido de protecção. Assola-me o frio que na imensidão escura do vazio vem soprar-me ao ouvido. Escuto os lamentos, breves momentos em que me falas do outro lado do Universo. Escuto os prantos que em suaves desencantos me arrepiam a pele. Seguro entre dedos a luz de uma chama, farol que marca o limite do corpo, o início do abismo que há minha frente se precipita sobre o nada. Oscila ao sabor da tempestade que acorda todos os sentidos

deixando o corpo alerta para a forte tormenta. O céu chora intensamente sobre mim, lavando-me a alma, purgando-me as penas.

Mas, cá dentro do peito, escondida entre recordações de todos os tempos, paisagens agrestes e ilhas luxuriantes. Caras, rostos perdidos entre milhares de fotografias, papeis amarelados, amarrotados, desgastados em letras que teimam em não se apagar. Encontro a tua alma, embrulhada em cetim, como uma flor que a idade não murchou, com a suavidade dessa menina que a idade criou.

E só dentro de mim te encontro, neste castelo vazio de gente, que resiste, firmemente, ao caos que a vida provoca lá fora.

Sento-me na beira da tua cama, dormes como uma criança pequena, agarrada à almofada como se fosse um pedaço de meu corpo. Aconchego-me a ti, colando-me a ti, juntando o meu sonho ao teu, emprestando-te as minhas asas para voares. O quarto fica em silêncio e juntos adormecemos nos braços da imaginação.

Nossas almas partilham-se num instante de amor que se prolonga por todo o tempo. Somos metades de um só ser, lugar comum a dois corpos. Nossa essência perfuma a atmosfera e voamos sobre as flores dos nosso sonhos. Provamos o néctar do amor, bebendo dos lábios húmidos um do outro. Sentimos o calor dos corpos que lá

em baixo dormem.

O brilho desta nossa estrela dá-nos formas angélicas, energia que acalenta as maiores quimeras. Somos pedaços livres, átomos duma matéria há muito extinta. Perfume exótico que banha a pele ausente, como elixir de um novo renascimento, como fábula que apenas se encontra em livros de encantar.

Corremos livres neste sonho, até o novo dia raiar. Teus braços procuram o corpo que toda a noite te aqueceu... não sabes se foi um sonho, ou uma realidade desejada, mas, também não queres saber, apenas saborear o instante, o momento...

Da natureza nascem as fragrâncias que perfumam o Universo da magia. Das águas frescas das florestas tropicais nascem os corpos que se sentam sobre as rochas molhadas pelo orvalho da manhã. Das árvores ancestrais nascem os sons que se propagam pela atmosfera. Sente-se o perfume duma Terra antiga. Nesta clareira escuto na pele o som do infinito tempo, revejo no fundo do olhar as memórias de tempos passados. Contemplo do alto do penhasco o futuro que se aproxima com o nascer de um Sol ardente que queima o azul do céu.

A alma carrega o corpo que flutua acima das águas calmas deste rio que lentamente se arrasta para o mar, como serpente que se contorce entre as planuras e as montanhas. A brisa carrega o ar

fresco deste Outono que anuncia a sua chegada na tempestade distante. O ribombar do trovão relembra que o raio acabou de cortar as nuvens em direcção ao chão.

É aqui que nascem as letras que te escrevo, é aqui que alimento a alma para matar a tua sede quando tua boca em meus lábios vem beber. É na magia da natureza que o corpo se renova e o espírito voa como águia em céu aberto. Sou um pássaro em vou picado, um peixe em rápido, ou tão somente um pequeno esquilo, da árvore dependurado. Um folha de feto, ou a gota de água que do céu me desprendo.

Sou o silêncio que tua noite afaga, um instante, um momento em que teus olhos despertam e me vêem no firmamento.

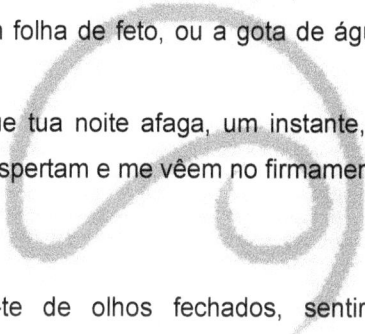

Podia descrever-te de olhos fechados, sentir o perfume das especiarias que teu corpo exala, podia provar o mel da tua boca e o sal das tuas lágrimas, podia. As fragrâncias do incenso enchem a memória com as recordações que presinto de ti. Pedaços, instantes no tempo em que consigo abstrair-me do meu corpo para estar em ti. Pedaços de alma que capto em viagens pela noite escura, como se completasse as tuas recordações com fragmentos de pensamentos.

Sei sentir cada pedaço da tua pele, cada curva da tua silhueta como se meus dedos fossem a bússola que guia os teus sentidos.

Ofereces teu corpo ao prazer de voar sobre a tua alma como se percorresse a tua plenitude e sentes-me, entrar em ti, dissolver-me em teu corpo como água que te inunda a alma. Sinto o teu corpo estremecer, seguro-te num abraço apertado, e deixo-te adormecer aconchegada em mim.

A manhã acorda-te, envolta nos lençóis amarrotados de uma noite intensa, o corpo desnudo arrepia-se ao toque do primeiro raio de Sol, a brisa leva-me com ela fechando a janela, deixando-te entregue à tranquilidade, com um sorriso nos lábios, teus olhos brilham agora com a luz das estrelas que fazem deste dia, um dia mais brilhante. A teu lado, uma rosa vermelha espera que a guardes como lembrança dum momento inacabado.

És rainha de um reino perdido nos tempos, lugar de deuses e magia. Eu, mero súbdito, construo palácios na ponta do carvão, sonhos encantados por ti outrora sonhados. Teu olhar superior é um raio que meu olhar ofusca, minha alma perturba. Teu corpo, hidromel, luxúria perfeita, que minha libido transtorna. Tua voz, timbre adocicado que em minha mente ecoa como cântico suave de sereia.

Invades meu quarto, numa noite quente de verão, ofereces-me o corpo e eu peço-te com ele a alma. Amas-me na penumbra desta noite, e deixas-me ficar com o sabor da tua pele na minha boca,

com o perfume de teus cabelos na minha mente, com a essência da tua alma em meu peito. Regressas à opulência do teu viver, vazia, um corpo oco que agora se entrega nas mãos de outro homem, um corpo frio que o prazer abandonou.

Em mim ficamos os dois, em nós reside um corpo só, no vazio imenso de um mundo antigo, empoeirado e triste. O peito rebenta de prazer, e as essências espalham-se por todo o meu ser. Em mim habitas, numa eternidade sem tempo, num lugar escondido, dentro da minha alma.

Perdem-se os corpos, enfaixados, mumificados, escondem-se sarcófagos nas areias mais profundas dos desertos, mas a alma sobrevive aos tempos, viajando de corpo em corpo até este momento.

Serás eternamente a rainha do Sol, e eu a sombra da Lua que te persegue.

Faz-se o tempo de pedaços de silêncio, deixa-se o corpo à beira do precipício, esperando que não caia pela força da gravidade. Levanta-se a alma em pleno sobressalto, o Sol põe-se no horizonte e os pássaros fecham as asas para adormecer. A noite vem devagarinho, trazendo com ela teu corpo adormecido. Percebo a tua chegada, com minhas asas abraço-te o corpo despido.

Meu peito é leito, meu corpo tua cama, minha boca o teu silêncio,

minha língua tua amante. Inalo a tua essência perfumada de fragrâncias exóticas, canela, açafrão e anis. Teus cabelos são as ondas do mar que morrem na praia do meu ventre, teus seios colinas que subo sem cansaço, escorregando minha boca húmida até ao teu regaço.

Tuas pernas são carícias que se enrolam nas minhas, teus braços, o abraço que meu corpo domina, teus dedos brisas de vento que percorrem minha silhueta num só momento. Invades-me, sinto o calor do teu corpo derreter-se sobre o meu, vaga quente que me inunda de prazer, instante sublime que me faz crescer, em ti. Bebo dos teus lábios, a água doce que me inunda a boca, cerram-se os olhos...

Amanheces em mim, como se te houvesses fundido na minha pele, a aurora reclama o teu corpo, e o dia chama-me para acordar. Levas a minha alma e deixas-me a tua, porque logo à noite vais voltar para me amar.

Lá fora o vento frio verga a copa das árvores, as nuvens escuras preenchem o horizonte. Fico em silêncio, sentado, a minha mente perde-se, dispersa-se por entre os ruídos do quotidiano. Não sei se devo continuar a falar, pressinto o perigo das letras, que como setas trespassam corações. Fico em silêncio, porque se guardar as palavras deixarei de criar magia. Haverá em mim um mago ou sou

simplesmente um ilusionista?

Prendo os dedos debaixo das pernas, como forma de conter as letras que teima em nascer-lhes das pontas, sinto-me um mágico falhado, porque conheço a magia mas não sou capaz de a fazer acontecer. Fico em silêncio, porque não faz sentido, a realidade vive a um ritmo diferente, é mais célere, precisa de factos, de rostos, de pessoas, de atitudes ,de multidões. A eternidade é mais vagarosa, sublima-se com os sentires, como o sabor de um fruto não provado, com a forma de um rosto não pintado.

Esta melancolia que me invade o espírito, apaga-me a luz da alma, deixo de ser farol, para me juntar à própria escuridão, deixo de ser druida para me embrenhar na multidão, deixo de ser poeta para ser apenas e só, mais um cidadão. Amargam os lábios na ausência do mel dos sonhos, definha o corpo por falta do pão da fantasia, a tez escurece-se com o cinzento deste dia, em mim faz-se silêncio...

Na escuridão da noite, abro a luz, deixando a alma voar como pássaro em céu azul. Na escuridão da noite entrego-te os meus dedos, lápis que contornam teu corpo. Na escuridão da noite soprote as palavras, como vento suave que acalenta os teus sentidos, como brilho constante que te indica o caminho. Na escuridão da noite preencho o silêncio com o murmúrio plácido dos teus desejos. Entre nossos corpos escondidos sobre o manto ténue desta

ausência do dia, fazemos da noite escura a aurora dos sentidos, o nascer do Sol, que se abraça à Lua, num eclipse total. Faz-se noite outra vez, mas, esta, jamais será uma noite qualquer, a escuridão ganhou um brilho próprio, um lusco-fusco que nos permite encontrar-nos, abraçados um ao outro, nesta fusão perfeita entre almas.

Na escuridão da nossa noite, deixamos-nos ficar, olhando o céu, pontilhado de mil estrelas, e o Sol, escondido atrás da Lua, como o meu corpo se esconde detrás do teu, num eclipse eterno de paixão.

Descubro-te no prazer dos sentidos, no gosto suave e doce da tua boca, na maciez da tua pele quando te encostas em mim. Teus cabelos longos, percorrem-me como vento suave que percorre a planura do meu ventre. És a magia que preenche a minha noite, como sopro quente que me abraça, com a ternura com que me murmuras ao ouvido.

Tomo-te, como pedaço de mim, em meu âmago te recebo, como cálice sagrado onde derramo o meu vinho. Teus seios são um manancial onde meus lábios se refrescam e minha língua se perde em devaneios de doce e terna loucura. Teus olhos devoram-me o olhar, como se o hipnotizasses fazendo-me ver o fundo da tua alma, imaculada.

A plenitude que em nós descobrimos, completa-nos com tamanha

intensidade que nos deixa completamente extasiados, este dilúvio divino, transforma-nos em seres mágicos capazes de se desmaterializarem, de regressarem ao próprio éter da alma. Nesta atmosfera primordial, não somos mais que raios de luz, átomos que se fundem num único corpo, uma nova estrela que acaba de nascer.

Deixo-me estar, sentado, no silêncio do teu olhar. Fico aqui, como que aconchegado das turbulências do mundo. És um ninho, e eu o passarinho acabado de nascer em teus braços. És o sonho, e eu a cama que recolhe todas as noites o teu corpo. És a Lua, e eu a noite que iluminas. Somos a vida, que se cruza sem se tocar, memória inquebrável deste lugar onde ficamos quietos, abraçados a esta tarde que se imortaliza connosco.

Este parêntesis do tempo, abriu-se para nos deixar entrar, como portal cósmico, lugar encantado onde permanecemos eternamente juntos. Atrás de nós fecha-se a porta, não podemos voltar atrás, temos de seguir o caminho que se estende à nossa frente. Suspensos do nada, seguimos o destino etéreo. Como sina pronunciada outrora, como vaticínio de deuses e demónios que outrora governaram este lugar mágico.

Para lá deste conto de fadas, expressam-se todos os sentires em toques de alma, todos os amores são inacabáveis, todas as paixões são fervorosas, intensas. Esse pedaço de instante, entre o sonho e

o despertar, é o lugar onde te faço rainha, onde sou teu cavaleiro em corcel branco montado. Tudo isto pode ser apenas um sonho, ou... não!

Fecho os olhos e visto o silêncio. Calo o quotidiano e escuto a música, melodia de embalar que adormece o ser. Deixo de olhar para não ver, para sentir o calor que invade a pele. Inspiro e saboreio a atmosfera, isolando os sabores, degustando os aromas. Deixo escorrer pelo corpo o doce amargo do chocolate negro, num desafio à tua língua. Lambes esse exótico elixir, fluido cremoso que em rio de lava desliza pelo meu peito.

Encontro na tua boca o mel dos sentidos, prazer adocicado que se mescla com o gosto agrido do vinho fermentado deste espumante, entre nossos lábios prendemos um morango, em forma de coração, símbolo inequívoco da paixão, carmim ardente que se desprende em sabores de framboesa. Loucura eterna que degustamos num afrodisíaco banquete de corpos, mentes dementes que se evaporam no calor intenso que em seu redor se desenvolve. Abraço, alado e presente que os corpos prende como se fossem tão simplesmente um único lugar, corpo ausente que em todo o lado se pressente.

Não sei se é insanidade ou luxúria, verdadeiramente, não quero sequer perceber, apenas e tão só sentir aquilo que me entregas neste momento, como oferta, como lamento. O resto, aquilo que

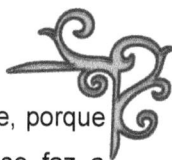

sobra para além do momento, não importa, não se entende, porque de olhos fechados, não vendo, apenas e só sinto, e isso faz a diferença entre ver de olhos fechados ou estar cego de olhos abertos.

Derrama-se a chuva sobre o corpo, como mar que sofregamente quer engolir a alma, numa onda de simples e belo recorte. Entrega-se o espírito à força da tempestade dos sentidos como barco perdido em pleno naufrágio. Bebe-se nos lábios as gotas salgadas do suor que o corpo já não comporta, para soçobrar logo ali, enseada tranquila que nos acolhe depois da loucura revolta deste oceano de prazer.

Não és minha, não sou teu, somos um de cada outro, pedaços esfarrapados de um tecido imenso chamado Universo, retalhos de uma manta feita de mil vidas, mil e uma noites em que adormecemos o Sol para acordar a Lua, beijamos as trevas e delas fizemos abrigos, dormimos despidos em braços alheios, e provamos da boca do outro o mel da luxúria.

Acordas-me, despertas-me o olhar para o paraíso dos sentidos, beijo-te a boca molhada de tantos outros beijos, e somos o nada feito de tantos outros seres que já não sabemos de onde começamos esta caminhada. Depois percorres-me o corpo com os teus cabelos, pedaços de ventos perdidos sem norte nem destinos,

como se quisesses levar-me nas asas desse pássaro querido.

Este turbilhão é a pura emoção que nos descontrola o corpo, trespassa a mente e nos faz perder a razão. E completamente desencontrados da realidade voamos em céu aberto os sonhos que a noite nos oferece, nesta mágica e terna ilusão duma realidade transversal que nos trás saudade e nos oferece esperança.

Um pássaro cruza o céu, planando leve, sobre o beijo, sobre o corpo, paisagem suave de colinas douradas. Lugar perdido onde me acho, momento em que te despes num mar imenso de prazer. O dia não passa de um raio de luz que revela a escuridão, a noite, um instante em que seguro o tempo nas pontas de dedos imaginados sobre tua pele.

Sou leve, como este beijo, como este anjo triste que em ti habita, lugar comum onde nos encontramos, amor em que nos preenchemos, palavras que em nossas bocas caladas se silenciam, letras brancas que escutam o lamento, o gemido e o prazer que nos damos. Nesta noite em que os braços se alongam para lá da eternidade, estou sozinho, dentro do meu corpo, tua alma visita-me como lembrança distante de tempos imemoráveis.

Sou água, que teu corpo absorve, preencho-me de ti, da tua essência terna e pura, alimento-me da tua energia que me aquece o corpo, me ilumina a mente e me dá de beber à alma. Entrego-me e

em teu âmago deixo-me ficar, para sempre, em ti repousar, como semente que espera o Estio passar, para em teu mar me afogar, crescer e abraçar-te.

Em minhas mão côncavas retenho as águas de um lago que te ofereço, lugar onde teu corpo repousas, floresta onde teus sonhos abrigas. Na noite tranquila, te deixo dormida nas margens do meu corpo, lugar tranquilo que tantas vezes visitas, onde te deitas sobre meu peito.

Meus dedos penetram teu cabelo, como pente que desliza, como vento que suaviza esse ondular constante. Solto perfumes, essências de ti que se escapam para minhas mãos, como maresia em pleno Verão.

Bebo da tua fonte de vida, meus lábios preenchem-se desse mel fluido que em ti habita, minha língua desliza entre teu corpo, provando-te a pele húmida e lisa. És loucura que me preenche, pedaço de prazer que mata a fome do desejo.

Os dedos percorrem-te tranquilamente, como se nunca quisessem chegar ao fim do teu corpo e apenas desejassem perder-se dentro de ti, caminham sem cessar, por montes e vales de encantar, despertando na tua pele a chuva do teu próprio delírio de mulher.

Sou apenas uma voz, que em tua mente se repete, um toque ardente que tuas mãos sentem. Sou apenas uma letra, uma cadeia

de palavras que acordam a tua alma. Sou a cadência perfeita, mas nada mais que uma única letra, um som que nasce no silêncio da tua noite.

Crias-me, com os pedaços de outros homens, como retalho que constrói a manta do teu passado, abrigo que teu corpo envolve no presente, saudades de um futuro ainda ausente. Ardes nos prazer dos meus lábio, fogo eterno que alimentas com as letras que te deixo.

Sou utopia, talvez magia, ou simples criação da tua própria solidão.

Silêncio, calma, neste momento não escuto nada, apenas me deixo ficar. Quero voar e espero a brisa do teu corpo para me elevar. Quero sonhar, e espero que chegues para me abraçar. Silêncio, manto eterno, tranquilidade que meu peito extravasa, momento de infinita tranquilidade que me permite desdobrar as asas e esperar-te. Fui verso por ti inventado, instante mais desejado, lugar onde te perdias para me encontrar. Fui letra a oiro gravada, símbolo na pedra esculpido, história ao vento contada, passado em lendas construído. E tu, lembrança em mim guardada, perfume de princesa encantada. Foste livro onde te escrevi, folha branca que aos poucos preenchi.

És deusa, mulher, imperatriz, loucura que meu peito sempre quis. Divina beleza, eterna lembrança que me corpo balança, Luz, que a

noite rasga em pedaços de papel, que como flocos de neve caem no Inverno do meu ser.

Em todos os corpos que vivi, encontrei de ti um traço, um instante em que me relembras a tua constante presença em mim. E estendo as asas, sinto a brisa forte que aí vem, vendaval que se agita com a tua chegada. E voo neste silêncio, com os sonhos no pensamento, contigo em meu peito, rumo ao horizonte distante, onde me esperas, mulher, menina amante.

Escrevo-te ao som do corpo que geme, que grita teu nome em prantos suaves de um carmim intenso. Escrevo-te neste livro branco cheio de folhas vazias, como se desenhasse teu corpo em devaneios e loucuras. Nesta carta expresso-te o meu amor, ardor intenso que meu corpo em chama projecta no astro. Firmamento iluminado por mil sois, estrelas cadentes, fulgentes que em minha alma se acendem.

Abro o meu peito, feito de magia, enfeitado de letras e frase em que a loucura me banha o limiar dos sentidos, como se quisesse aqui prender-te toda a noite, na magia e no encanto destas frase que lês, relês e escutas como ecos distantes da minha própria voz. Escolho os sons que gostas de ouvir, momentos intensos em que te consigo despir, apenas e só com o pensamento, com um suave tormento, arrepio intenso da tua pele desnuda que em meu texto transparente

se deita e se entrega no êxtase do nosso amor.

Escrevo-te esta carta com o amor que nos temos, com a vontade que a vida nos nega mas que os sonhos permeia. Sentimo-nos nestes momentos, em que as folhas escritas por nós nos chegam, aconchegam o peito, e exaltam os corpos em paixões assoberbadas, noites caladas no silêncio dos gemidos, sentidos abertos, corpos perdidos. Entro em ti, como se trespassasse o tempo, penetro-te o corpo, e sentes-me dentro, como se fosse exactamente como te escrevo, com a intensidade de um verso, com a força de um parágrafo inteiro que te acaricia os seios e te transtorna a libido em ondas de um prazer absoluto.

Esta é a carta que te deixo, escrita em todos os tempos, numa linguagem ancestral que todos entendemos. O envelope onde te envio é a música que teus sentidos escutam, e ainda a noite vai alta quando me sentes chegar, para te abraçar com se fosse um livro onde te fecho dentro.

Hoje venero o silêncio, como forma de prender em mim as palavras que coarctam tantos voos. Visto-me de negro, cor da minha noite, sopro as estrelas para longe, quero ficar sozinho na escuridão. Eclipso a Lua para que não brilhe no meu céu e deixo resvalar as lágrimas para que chova sobre mim.

Hoje sou eu mesmo, aquele que nada é, o próprio vazio, sem fé.

Sou a sombra que escurece o dia, a dor que rasga o peito, o pranto que em guerras se digladia. Suspendo a respiração, desejo que o vento deixe de soprar, que a tempestade não me assole e que a vida se suspenda neste lugar.

Foges-me por entre os dedos, como que querendo-me chamar, mesmo sabendo que aqui, não posso seguir-te como gostaria. Vejo-te na distância como se pudesse te tocar, mas meus braços são curtos para te alcançar.

Fico aqui, quieto, envolto neste manto de silêncios, onde sempre fico quanto segues o teu caminho, sei que não tarda vejo-te de novo passar, noutro corpo, com outro olhar, mas serás sempre tu que voltas para me desafiar.

Um dia quiçá quebre amarras e te siga para outro lugar, ou quem sabe um dia fiques aqui para me poderes cuidar. Voa que te vejo voar, liberta-te no ar, como pólen que outras flores vai fecundar, sei que estarás sempre aqui, de regresso ao mesmo caminho, voltas para me visitar, e eu aqui sozinho ficou à espera de te ver passar.

Olho o teu rosto, vejo nele a suavidade da ternura, o brilho da alma que resplandece em teu peito. És mulher, envolta na sensualidade de um corpo que me inebria, mas, és muito mais que um perfil de curvas e protuberâncias, és energia pura que nasce no centro do teu corpo e se expande por todo o Universo.

Sinto as ondas de prazer que emanas, as mensagens que teu corpo exala, descodifico o teu gracioso andar, leio na tua voz os pensamentos, e sei de olhos fechados cada milímetro do teu corpo. Sentes na boca o gosto da minha saliva, e dentro de ti o meu corpo, momento alado em que se perdem as almas em devaneios de prazer.

Colhes a minha energia, como fruto proibido, devoras a minha essência com teus lábios abertos, entrego-me e delicio-me com a tua boca em minha pele, bebo-te como cálice divino que de teu corpo escorre, matando-me a sede. Nossos corpos são o alimento da nossa alma, manjar que nos oferecemos em cada momento, instante de pura e doce loucura.

Não há dia nem noite, que comporte a imensidão deste oceano, não há tempo que sustente este pequeno e breve segundo em que harmonia atingimos o êxtase. Apenas esta imensa alma pode conter, em seu ínfimo espaço, tanto prazer.

Afasto os segundos um do outro, tento encontrar um espaço entre o tempo, um lugar escondido por detrás da porta da vida, onde podemos entrar se soubermos lá chegar. Este caminho secreto, lugar ambíguo onde tudo é perfeito, esconderijo eterno, lugar paradisíaco onde te espero. Descubro-te ao chegar, à minha espera nesse lugar. Princesa da noite escura, de cetim negro vestida,

abres-me a porta da minha própria vida.

Sigo teu perfume encantado, feito de estrelas cintilantes, como luzes que o caminho descobrem, como fogo em tua pele ardente. Deixas-me o rasto do tempo, desse tempo que entre momentos suspendi, para vir ver-te aqui. Sinto nos lábio o doce mel, gosto agreste da tua suave pele, sorvo da tua boca o gosto que em minha boca afoga qualquer desgosto. Abraças-me o corpo, aqueces-me em teus braços ardentes de Fénix, acordando nele o teu desejo, tomando-o como sendo o teu.

Ali mesmo entre nós, a chama eterna se acende, sinal de luxúria pendente, que nossa sede liquida num eterno e puro instante, em que o tempo simplesmente se suspende. Parece magia, mas não é, sente-se, cá dentro do peito, no suor da nossa pele, no ofegar premente. Quando tudo o que sentimos nos abraça todos os sentidos explodimos num clarão imenso de loucura que nossos corpos arrasa, deixando despidas as almas, que brilham na noite escura.

Há momentos em que o silêncio é a porta de entrada para aquele lugar especial onde a cada instante nos encontramos. Hoje, encontro nesse momento no tempo, o olhar que me ofereces, com a ternura que cabe em ti, com a sensualidade que o teu corpo partilha com o meu. Este instante que a cada dia me ofereces é a gloria da

magia que em cada noite me inspira a dormir a teu lado.

Agora, quando o Sol desce sobre o fio do horizonte, venho pousar em ti, como borboleta nocturna que reclama o néctar dos teus lábio, como estrela que em teu céu se deixa dormir. E voo sobre a planura do teu corpo, aflorando cada desejo que em ti nasce, como chuva miudinha que tua pele rega, com o prazer implícito nesta luxúria que teu corpo anuncia.

Em mar aberto me entrego, sobre cristas de ondas me aventuro, na cadência da tua loucura que contra meu peito se desvanece como a espuma da onda na praia. Vibras e eu sigo o teu pulsar, sinto-o em mim como se me quisesses devorar, e dou-te na brisa deste vento suave as palavras que te despertam os sentidos que não consegues controlar.

Danças em meu corpo como num palco, salão imenso onde rodopias e enlouqueces ao som dos meus aplausos, num bolero rasgado, despido de preconceitos que apenas um tango mal fadado consegue conter num turbilhão de emoções que ão de levar-te ao êxtase que me provocas, quando com a tua língua meus lábios tocas.

Hoje apodero-me do teu corpo, como último refúgio, lugar eterno, terno abrigo onde me escondo. Hoje possuo-te a alma, como jardim secreto, tantas vezes por nós aberto. Local de insanas loucuras,

paraíso perdido tantas vezes encontrado. Hoje tomo-te como minha, conquisto e desbravo essa pele, qual terra virgem que se abre à sementeira. Hoje consumo-te como fogo em selva fechada, como água que a sede mata, como um vício que o corpo precisa.

Sabes meu amor, em ti vejo muito mais que a imagem que se reflecte no espelho, que a fotografia que desenha o teu corpo com a precisão de um raio de Sol em plena Primavera. Vejo-te para lá da singela beleza do teu rosto desenhado pela mão do Criador, para lá das curvas perturbantes da tua silhueta que por noites a fio me roubam o sono para te amar o corpo. Vejo a luz que tua alma irradia, que faz da minha noite escura, dia.

Tu és poema por inventar, Sol sempre a brilhar, majestosa pose que tanta beleza aporta. Meus olhos ficam hipnotizados pelo brilho do teu olhar, pela cor suave do teu rosto que me deixa completamente perdido. Consomes-me as palavras nesse teu brilho, luz eterna e omnipresente que rasga todas as sombras e me abraça a alma tirando-me o fôlego num só olhar.

Essa beleza de rainha, deixa minha alma à deriva, faz-me perceber que não tenho mãos para te conter, nem corpo para possuir tudo aquilo que és, mais, ainda assim, mantenho firme a esperança de poder ter de ti, um pequeno raio de luz, lembrança da tua passagem por mim.

A luz do dia ofusca-me os sentidos, esconde-me dentro de um corpo vestido. Sou mais um homem como outro qualquer, e tu, mulher, de vida corrida, tantas vezes esquecida do instante mágico da noite. Somos seres comuns, debaixo desta mesma luz. Vidas e quotidianos de azáfama, ruído imenso que as sensações abafa. Somos pessoas, gente que se perde na multidão, cheia de problemas, de motivos sem razão.

Depois, há um momento, um instante em que seguramos o tempo. Porta que abrimos ao vento, paraíso eterno onde adormecemos. A noite instala-se, com as suas sombras, neblinas mágicas que os corpos soltam. Nascemos libertos do fardo do dia, esquecemos as razões que nos arreliam, e, passeamos descalços por todo o Universo, saltando de estrela em estrela, como borboletas, de flor em flor, como golfinhos em mar aberto.

Aqui, neste preciso momento, sentimos o toque divino que nos afaga o rosto, como crianças embevecidas a olhar para o Pai, somos estrelas neste firmamento, pedaços de contentamento que rejubilam de felicidade, esquecendo todas as adversidades. Sente-se a paz que no peito resplandece, como luz que nesta noite nos ilumina, nos aquece, nos conforta, abraço terno alma caridosa.

Estamos em paz...

Recebo teu corpo em meu corpo, tua alma em meu peito, deixo que o silêncio da noite nos abrace, que a magia deste momento nos enlace. Hoje somos apenas dois abraços que no escuro se enrolam num único corpo. Porque o medo nos tolhe, sentimos em nosso redor a protecção que as asas do sonho nos dão. E dormes, dormes em mim como um anjo, cansado de tanto pranto.

Sou cama que te acolhe, canção silente que te embala. Sou tudo não sendo nada. Lugar secreto que teu corpo guarda, prazer incontido que teus dedos queima, quando em minha pele te deitas. Sou tanta coisa num instante, vaga, loucura e incessante, em que navegas e te entregas num movimento constante. E sinto teu corpo palpitar em cada gesto de ternura, pura e singela doçura que em teu leito calado escondes, como poema, canção secreta que minha voz em silêncio entoa, e teus sentidos despertos escutam.

Afago-te os cabelos e solto deles o teu perfume, lugar comum onde me sentes, bailado em constante movimento que corpos desnudos agita, em convulsões rítmicas. Explosão de luz que a aurora atinge, derramando o dia sobre a escuridão da noite. E tu, sabes que estou aqui, que te agarro e te cubro de beijos, que te sinto na ponta de meus dedos, e cantas nessa voz inaudível, gemidos de prazer que apenas meus ouvidos escutam, loucuras e contos de um instante repleto de nós. E ficas, adormecida pelos meus braços, até a manhã te acordar e o corpo revigorado se reerguer para um novo dia que acaba de nascer.

O corpo avança, move-se no ritmo desta dança. Encontra o teu que se abraça num tango rasgado, numa valsa. Sentem-se os pés voar, sobre o chão coberto de pétalas, vibra teu corpo em meu corpo colado, voamos sem ter asas. Nesta música que nos embala, sente-se o ritmo das almas que se enlaçam, neste silêncio feito de palavras, grita o cantor as suas mágoas, e nós com ele dizemos tudo aquilo que queremos ouvir, sabemos sentir em cada a arrepio da pele, o próximo passo, delírio inconstante deste corpo que em suave frémito se agita.

Sigo teu corpo, no ritmo suave do meu, dança lânguida que pelos corpos escorre, prazer que em nossos braço morre, noite mágica que a alma embala num berço de estrelas pontilhado, numa música que a todos abraça.

E voo, sobre teu corpo, como brisa do vento que te trespassa, abraça e acaricia, num lago de água tépidas onde tua essência mergulhas, num ritmo que ondas agita e marés provoca, derramando sobre a areia branca da praia esta dança que em teu corpo crepita.

Pergunto-te agora em silêncio, no início desta música efémera, quereis dançar comigo?

Invento em teu corpo despido a luz que suaviza o tom da tua pele de menina. Descubro em cada instante a flor perfumada da tua essência, Jasmim, Rosa Brava. Crio na ponta dos dedos o prazer que desperto na tua boca em suaves palavras não pronunciadas. Escrevo, descrevo-te cada momento de loucura, de ternura. Um imenso universo nasce em nosso redor, com imagens e sentidos que apenas conhecemos, exploramos e desfrutamos como se saboreássemos uma fruta fresca e doce.

Acordas em mim a terna paixão de uma juventude inacabada, um momento preso no tempo com finos fios de seda, que suspendem o vazio entre as palmas côncavas das nossas mãos. E dás-me de beber a água pura do desejo, resvala-me pela pele em pequenas gotas de cristal que brilham e se mesclam no orvalho frio da manhã. Dás-me em teus lábios o carmim que meu corpo incendeia em labaredas de luxúria que consomem a alma e derretem o meu ser que se dilui em ti.

E subimos, para lá dos limites do céu, onde cada estrela se faz de calor intenso que em nossos corpos se agarra e nos funde, onda de intenso perfume que se dissipa por todo este pequeno mundo. Sinto o gosto doce do chocolate derretido em tua boca, o mel dos sentidos que nos alimenta e enfim perdidos sobre os lençóis desta cama preenchemos os corpos desta lava que se mistura em espasmos de fina loucura.

Há um lugar, encerrado no tempo, onde tudo aquilo que sonhamos é realidade, onde a vida corre ao sabor da brisa de um vento que sopra suave. Nesse lugar, onde encontramos a verdadeira liberdade, onde somos tudo aquilo que sonhamos ser, esse lugar, é um céu azul, onde estiramos as nossas almas de pássaro e voamos.

E segues-me, num voo rasante sobre o mar, igualmente azul como este céu imenso que nos segura com fios invisíveis. Este Sol, por nós inventado é luz que te brilha na alma como farol em noite escura. A felicidade, encontra-la-ás aqui, neste lugar escondido nos confins dos nossos sentidos. E saltamos, precipitando-nos como chuva de verão nas águas calmas deste oceano, como peixes afagados pela água pura que nos preenche.

E do perfume dos teus cabelos solta-se a fragrância que me guia neste paraíso perdido, lugar encantado onde as fábulas que te escrevo são tão reais que as podes tocar, tocar-me, num abraço profundo, onde nossas bocas se colam e se beijam alimentando as almas, preenchendo todos os sentidos numa explosão de prazer que extravasa os corpos e nos enche a libido sem que as peles se toquem.

Espero-te em cada noite, envolto na magia deste tempo, deste lugar que para ti criei.

Conheço cada detalhe da tua alma, cada traço de teu corpo, cada curva, cada essência perfumada que me ofereces. Sou um pedaço de ti, como pele macia que te abraça, braço forte que te sustenta ou simples flor de jasmim que te perfuma num banho de espuma. Sou o céu azul em dia de Sol a Noite polvilhada de estrelas do teu firmamento, sou aquilo que quiseres que seja, sou apenas e só este momento, em que me entregas o teu corpo despido, ardente que recebo de braços abertos.

Amo-te na escuridão deste quarto, onde tu és a luz e eu a sombra que te segue, descubro cada instante do teu prazer, cada gemido da tua boca, cada gosto da tua língua numa dança perdida entre lençóis macios e ondas deste mar que nos agita, somos náufragos perdidos, neste oceano sem fim, onde o prazer nos consome os corpos e o amor nos funde as almas, loucura e êxtase, paixão e entrega num só momento, aqui, agora neste lugar sagrado que descobrimos só nosso.

Deixo-te o corpo exausto, de mim derramo as gotas salgadas de prazer que só tu me sabes oferecer. Repouso, colocado a ti, como se esta dança não houvesse terminado, e, ainda agora aqui estivéssemos chegado, com as chamas bem acesas nesta noite escura e fria de um Inverno antecipado. Ficamos abraçados, neste silêncio contido, onde apenas os murmúrios do que nos dizemos são audíveis, onde a música dança e as letras são manta que aconchega os corpos do frio.

Sinto nos cabelos a brisa do vento da Primavera, ao longe o Sol recosta-se sobre a linha do horizonte, numa lenta caminhada para a noite. O crepúsculo, invade o final do dia, deixando o céu num tom laranja que enche o nosso olhar. O oceano separa-se do céu na linha invisível, distante, as gaivotas agitam-se num bailado fervilhante.

Sirvo-te um copo de vinho, vermelho, em tons de pôr-do-sol, levo comigo o livro que estamos a ler e sento-me a teus pés. Sinto as tuas mãos nos meus cabelos, como brisa deste fim de tarde que me afaga a alma. Abro a página e começo, encarnando a personagem, narrando esta paixão, amor, com toda a emoção que se sente em cada letra pronunciada. Tu, contemplas o horizonte, sentindo o perfume do mar, absorvendo cada palavras que te leio, como se fosse um toque suave na tua pele.

Dás-me a mão, como se quisesses entrar comigo nesta história, como se sentisses que este romance é teu. Olhas -me e vês que estou de olhos fechados, continuo a falar, a contar a história que cada vez mais é tua, nossa, o livro resvalou-me da mão e caiu sobre o soalho de madeira. Já não estamos ali, nenhum de nós, deixámos os corpos ficar, e partimos juntos numa viagem só nossa ao Universo dos sonhos, os nossos sonhos.

Sou espaço imenso, mar vazio onde teu corpo vem mergulhar. Sou estrela, sou firmamento onde tua alma vem brincar. Sou a tua essência, fragrância perdida em mil noites de encantar. Sou o teu sonho, o teu lume, a força que em ti reside, o teu acordar. Sou a magia que teu corpo faz vibrar, o choro triste que tua lágrima faz soltar. Sou o riso aberto que teus lábios me oferecem, sou a luz que de teus olhos emana quando na noite escura me procuras.

Mas sou igualmente, a criança perdida, entre labirintos de letras, lugares perdidos vazios de gentes. Sou a própria tristeza quando a luz se apaga, teatro sem actor, peça sem argumento que adormece em papel branco escrita. Sou um passe de magia, um escritor sem rumo, pequeno grande vagabundo. Sou aquilo que queres que seja, sou as minhas letras impressas em teu corpo, tatuagem perene que marca a tua pele.

Somos os som da música que ninguém consegue ouvir, a dança perpétua que seguimos, o beijo infinito que nos damos, o abraço apertado que nos oferecemos, um prenúncio de saudade que entre braços sustemos, como taça delicada com medo que a quebremos.

Somos todo um oceano, mar aberto, tempestade incontrolável, fogo ardente que crepita no cume do monte.

Somos a rosa vermelha que seguramos durante um tango.

A névoa do dia preenche a atmosfera como se fosse magia, como se quisesse esconder a paisagem em redor. O silêncio da manhã aconchega-se ao meu corpo como gotas de orvalho sobre as pétalas expostas de um malmequer que teima em ficar aberto no Inverno. Caminho, sentindo os pés molhados, as mãos geladas e o olhar perdido entre árvores e arbustos. Sigo sem rumo algum, sabendo que não o faço sozinho, sabendo que a tua essência me segue, como olhar atento que me ofereces.

Ando, rodeado de multidões invisíveis, de gentes desconhecidas, sem rostos. Não tenho medo, por que sei que te trago pela mão, qual menina, passeamos nesta imensa planura, como crianças em idade da inocência. Inalo o perfume desta brisa fresca, suave gosto silvestre que me adocica os lábios, como se teus lábios provasse. Ofereço-te uma flor, simples e singela como a nossa própria natureza.

Nesta bruma descortino o teu olhar, que fixamente me observa, como se nunca me tivesse visto, ou, quem sabe nesse teu jeito analítico, queira adivinhar-me o pensamento, meu próximo movimento. Não receio, porque a minha alma é de cristal e não se esconde detrás de nenhum corpo, não usa nenhum artifício, apenas se limita a brilhar, para que sempre que precises de mim, me possas encontrar.

Sinto de longe o perfume de jasmim que se desprende do teu cabelo, aroma frutado, envolto em suaves gostos de canela que arde e se solta de todas as velas que iluminam este lugar sagrado, secreto, que guardamos a mil chaves fechado. Sinto a presença de teu corpo, despido, molhado, mergulhado em águas mornas de pétalas e rosas.

Neste espaço fechado, onde a atmosfera quente e perfumada envolve e abraça os corpos perdidos em mil e um devaneios, escuta-se a música suave, num ritmo lento, lânguido que prolonga os prazeres que se sentem, ampliando os sentidos que ecoam em todas as direcções. Mergulho o meu corpo junto do teu, neste lago de águas calmas, sinto a energia fluir, penetrar a minha pele, trespassar-me a alma que se ilumina.

A luz das velas agitam a tua silhueta contra a parede, o meu espírito, contempla a beleza do teu corpo que se banha, se acaricia e se sente na ponta de teus dedos, fico ali, pairando, contemplando a beleza do desejo que em ti acordo quando em voz baixa chamas o meu nome. Tu sentes-me, sabes que estou ali, e olhas-me profundamente nos olhos, antes de fechares os teus e deixares a alma partir para junto da minha.

Procuro na essência suave da tua voz, descobrir a magia do teu corpo que desliza frente ao meu. Procuro encontrar no silêncio do teu olhar, o reflexo do meu. Não sei se me vês quando te estendo a mão, se me sentes quando te olho. Não sei se estremeces quando te toco, ou simplesmente me escutas quando escrevo.

Não sei se desejas a minha alma, nas exacta dimensão da eternidade dos tempos, também não sei se as minhas palavras são teu sustento. Sei apenas que me fazes falta, neste lugar sem tempo. Podia inventar uma formula secreta, segredo alquímico, para suspender o tempo, fazer duas horas parecem eternas, ou até uma semana passar num instante, mas, não perceberíamos a dimensão de todo este Universo, se tudo o que desejamos fazer acontecesse num passe de magia.

Sei, sei onde estás, onde me encontras e tocas, como se já o tivesses feito, te tivesse soprado ao ouvido os meus segredos. Sei como brilhas na noite escura, como tua luz irradia por todas as trevas, conheço o fundo do teu olhar, reflexo do teu passado, livro aberto de páginas por escrever, onde meus dedos repousam.

Sento-me sobre a cama desfeita, vestido com pedaços de nada, segurando incertezas e amarguras num vazio constante da matéria. Ausências de corpo e alma, sentidos dispersos por campos estéreis. Nos fios dos céus seguro as estrelas apagadas, como pedaço tristes

de mágoas. Sou o meu próprio silêncio, lugar este onde me deito e espero que o cansaço me adormeça e me leve a viajar no tempo.

Deixo ficar os restos do corpo que se entrega nas mãos do vento que passa como horas e dias vazios, cheios de nada, perco a alma nos labirintos deste puzzle de mil peças por encaixar, não descubro a forma de o caminho encontrar, saída, luz e sombra que meu ser não encontra. Vagueio nesse oceano profundo em busca do senso perdido, do abraço da vaga que o corpo invadiu, como poeta, sem palavras, vazio.

Calo os dedos, como se tentasse sangrar as palavras, calar os segredos, desejos escondido neste mar cheio de nadas. Chove lá fora, a terra encharca-se de lágrimas doces, suaves prantos que em tristes cantos se precipitam sobre o meu corpo. Lavo a vida com as pontas dos dedos, guardando de ti os segredos, como relíquias de outro tempo, cantos em desalento, um fado que chora a dor, canção ausente sem qualquer sabor.

Segue a luz do mundo, o brilho das estrelas mais próximas. Segue o caminho de vida, num lugar eterno que sempre te leva para lá dos horizontes mais longínquos. Hoje é dia de Natal, e a paz faz-se de toda a felicidade. Não há lugar onde uma estrela não brilhe e um arco-íris se desenhe no mundo dos sonhos. Hoje a noite terá magia, guardaremos as mágoas e os prantos, e louvaremos o nascer da

vida. que a cada ano, neste tempo se renova.

Hoje seremos solidários, crentes que o amanhã poderá ser melhor, que os dias sempre terão Sol. Esta noite olharemos juntos as estrelas, veremos a Lua elevar-se no céu como candeia, e esperaremos que uma estrela nos anuncie a vinda do novo milagre da vida. Nesta noite estaremos juntos, ao lume que acalenta a frieza da vida, olhando-nos para percebermos que acabamos de nascer, de novo, neste local, em todo o mundo, um Universo cheio de esperanças e pequenos milagres fará de amanhã um dia de esperança em todos os seres.

Um Santo e Feliz Natal para todos os leitores, que a vida seja generosa convosco, que o amanhã traga no amanhecer um sorriso em vossos lábios e que a eternidade vos ofereça a paz e tranquilidade de que necessitam. Obrigado.

Meus dedos preenchem os espaços vazios entre os teus, como se completassem tua mão. Meus braços enlaçam-se nos teus como se fossem raízes da mesma árvore, a minha boca cola-se à tua, como se fosses a água que me mata a sede, a minha língua percorre os teus lábios, contornando-os, como lápis de carvão que te desenha.

Sinto o calor do teu abraço, o meu corpo treme, perguntas-me se tenho frio, e em tal embaraço digo-te que sim, mas tremo de emoção por em meus braços te ter. Os meus sentidos percorrem o

corpo adivinhando os contornos do teu que se comprime em mim, o braços apertam-te, numa delicada força constante, que te mantêm perto de mim. Venço medos e inseguranças e beijo-te profundamente, como se nunca o tivesse feito. Entrego-te os meus sentidos e desligo o tempo, o espaço e o quotidiano. Estamos sós, ali.

A música toca em ritmos suaves e os corpos ardem entre caricias e beijos, somo um só desejo. Meus dedos, a medo descobrem teu corpo, explorando cada detalhe, absorvendo cada curva e traço como se quisesse de novo moldar-te, ou não houvesse antes Deus tê-lo feito a preceito. As bocas não se descolam e sentem cada detalhe do outro eu, sabemos os ritmos sincronizados deste baile que não dançamos.

Sente-se um fogo imenso invadir o ventre e em leves e sensíveis gemidos de prazer, sinto-te chegar a mim, e juntos voamos para o Olimpo, onde em comunhão sentimos o prazer tomar conta de nós, e o amor invadir a alma num banho quente e doce de luxúria contida.

Um momento, uma imagem, um sentir. Saber de ti, em mim, perceber o teu palpitar, o teu amor, o teu olhar. Entender cada gesto, a ternura da tua voz, o sabor doce de teu beijo. Sentir a distância que me separa de ti, como um mar imenso, vazio, mas saber que

posso nele mergulhar sem medo, porque mesmo não sabendo flutuar, serei salvo. Se o não fizeres, não me importarei, porque em ti morrei.

O ar é a minha casa, fronteira que toca o oceano, roça suave sobre as ondas levantando-as, salpicando o teu corpo de maresia. Nas estrelas penduro minhas asas, e sobre Sírius encosto a cabeça, fecho os olhos para sonhar. Quando estás em mim não quero despertar, temo que sejas apenas um sonho, daqueles de encantar.

Posso fechar os olhos e jamais acordar, terei a certeza de te ter encontrado, tua boca haver beijado e para sempre em mim viveres, seja eu um corpo qualquer, ou apenas uma estrela neste imenso firmamento. Não importa se já nada faz sentido, se o Sol já não brilhar e a vida for um completo vazio, depois de ti, roubei a luz aos céus e deixei de olhar o tempo como um rio, para saber que o posso segurar em meus dedos enquanto me beijas.

Hoje passa mais um ano, e, sei que estando só, estou contigo, ainda que a multidão grite, as garrafas estoirem e a música soe mais alto, quando a última badalada tiver tocado, estarei em ti, o tempo terá parado,

para sempre...

Sigo-te, como sombra de teu corpo que dispo em silêncio. Sigo-te como pegada que deixas na areia molhada desta praia deserta. Sigo-te como vento que te acaricia, te envolve e mima. Transportas na tua alma um pedaço de mim, em teu corpo carregas as marcas dos meus dedos, que deslizam pelo teu perfil de mulher. Na tua voz carregas o meu silêncio e na tua boca o meu beijo, longo, demorado e húmido.

Minha língua, percorre ainda teus seios, minhas mãos abraçam-te ainda, num instante, num carinho, e sentes-me ainda bater em teu peito, como se fosse coração descompassado. Teu ventre sente ainda o calor do meu corpo, que amarrei em teu porto de abrigo, e esse rio imenso escorre, vem alagar teu mar de sensações profundas. Escuto ainda os gemidos que meus lábios calaram ao colar-se nos teus, momento de êxtase que em minhas mãos segurei como cálice sagrado.

Sentes ainda a minha respiração em teu ouvido, como vendo suave do deserto, quente e seco que te afaga os cabelos, te invade a alma e te deixa para lá do sétimo céu. Percorro-te, num instante de simples prazer, como espasmo controlado, silêncio em tantas bocas calado, que te arrepia e faz levitar, deixando teu corpo em meus braços, levanto contigo a alma, num fluxo lânguido e intenso de energia que corta a atmosfera e te inebria.

Adormeces aguardando a chegada do meu espírito. Esperas que o sonho te invada, te liberte das cruzes da vida. Aguardas o instante em que te abraço o corpo, acalento a alma e te entrego as asas que te farão voar pelos céus azuis dum paraíso por nós inventado. És pássaro livre, deitado ao Sol que te afaga as penas, és pensamento aberto que se dissolve no vento.

Fico ai sentado, sobre aquela rocha na beira do mar, escutando o seu marulhar, esse ritmo que vai, que vem, enquanto voas em redor de meus pensamentos, como se fosses Colibri voado sobre flores. Sinto-te qual criança, que em sua infância se delicia a brincar, fada, em conto de encantar que soltando pós mágicos preenche o vento de cores alegres.

Sou como um anjo da guarda, que te sabe escutar as preces, como génio que na ponta dos dedos realiza teus desejos, ou um simples mágico que na rapidez de movimentos cria as tuas próprias ilusões. Sinto que estás comigo, que nada é apenas e tão só ilusão, quando a fé nos transporta para lá daquele portão, entrada numa outra dimensão, onde somos pequenos deuses, ou magos que transformam a tristeza numa linda e singela flor.

Acabas exausta, porque o sonho também cansa a alma, e deitas o teu corpo sobre o meu, adormecendo como criança num berço. Quando acordas, apenas o perfume da minha pele invade o ar que respiras, o quarto está vazio, é dia, a vida regressa do mundo da fantasia.

Inspiro a essência da tua alma que se espalha no vento frio que me faz tremer o corpo. O Inverno arrefece-me a alma, apenas tu podes acalentar-me, com teu abraço de luz, teu sorriso encantado e o beijo doce que um dia me foi dado. O dia já despertou, e lá fora o gelo cobre os campos outrora verdejantes, aqui, no centro do nosso mundo, tudo é brilhante na tua presença.

O facto de estar só não significa que esteja sozinho, apenas o corpo permanece aqui, fechado neste quarto ocupado por uma multidão de gente, a alma há muito saiu, deixando vazia esta casa abandonada. No teu corpo vivemos juntos, aconchegados um no outro, casa cheia de alegria, coração imenso cheio de paixão, amor e ternura. Por isso teus olhos brilham, por isso todos aqueles que se cruzam contigo vêm a luz do teu olhar, janela que reflecte o brilho de duas almas num corpo só.

Meu amor, não é fácil que os outros percebam aquilo que somos, porque não somos o que está convencionado, porque não existe qualquer definição que enquadre neste mundo as sensações que se podem ter quando ambos vivemos dentro do mesmo corpo, o teu, que é simultaneamente meu. Por isso não somos nada, mas, somos efectivamente tudo aquilo que nos faz falta, aquilo que ninguém pode roubar-nos, aquilo que ninguém pode sentir, ou sequer entender, porque não se vê com os olhos do corpo, embora neles se reflicta.

Não sei porquê, mas algo em mim ficou escuro. A noite tomou conta de um pedaço da luz e cobriu-a como se fosse uma manta. Não sei porquê, mas por momentos cai em direcção ao chão, como copo de cristal em risco de quebrar, numa queda sem solução. Ouvi-te gritar, como se alguma coisa te houvesse assustado, como se tivesses visto algo do teu passado entrar pela escuridão dentro.

Não sou nada que possas temer, muito menos nada que não tenhas sonhado. Sou exactamente o reflexo dos teus sonhos na realidade. Esta magia que descobres ao ler-me nada mais é que o teu próprio encantamento que se reflecte nas letras que escrevo, como um espelho que direcciona o teu brilho de volta à tua alma.

Vou fechar os olhos e adormecer, ficar em silêncio e deixar que se soltem apenas os murmúrios que escuto, como gotas de água que nesta caverna batem em chão de pedra. Fico quieto e espero que sejas capaz de novo de brilhar em todo o teu esplendor. Escudo o ritmo baixo do meu coração que hiberna no frio gelado deste lugar, na esperança de prolongar a vida até te poder de novo encontrar.

A manhã acordou imersa num calmo e tranquilo nevoeiro, recebeu-me com o mistério dos tempos, naquele abraço apertado que a ausência de visibilidade me provoca. Senti-me aconchegado, como se um braço imenso me apertasse o corpo. A luz deste dia recordou-me de um outro lugar, perdido entre as memórias de um tempo,

onde a magia era constante em nossas vidas. Recordo-me da floresta onde a névoa escondia um lugar mágico.

Hoje fiz uma viagem no tempo, regressei a casa, por entre as brumas desta atmosfera fantástica, regressei ao lugar de onde nunca sai, para ficar ali, comigo. Sentir o perfume a canela, olhar os velhos quadros que pendem das paredes, sentar-me na velha cadeira de balouço que range a cada movimento do meu corpo. Vim olhar os meus escritos, histórias e formulas secretas, ouvir o canto abafado dos pássaros lá fora e sentir a frescura deste lugar. Percebi quanto de mim ficou aqui, quanto de mim ainda aqui mora.

Acendi a lareira, peguei num livro e sentei-me no chão, sei que aqui estarei mais próximo de ti, que habitualmente te sentavas no meio das minhas pernas e escutavas as histórias que tinha para te contar, como criança embevecida com todo aquele lugar. Escutavas-me até adormecer, e em meu colo te levava até teu quarto, cobria teu corpo e deixava o meu dedos percorrer a tua sobrancelha num gesto de carinho, ternura pura, encantamento. Ficava um pouco a olhar-te para perceber os teus sonhos, afastar os pesadelos e deixar-te descansar.

É bom voltar, de vez em quando a este lugar.

Chove intensamente, cada gota desta água que escorre pelo corpo absorve a magia da alma. Sinto o frio, arrepio, ou simples tremer, que agita fortemente o ser quando a realidade o invade. Fico perdido, entre o quotidiano e o sonho, entre o prazer de sentir e o próprio sentimento. Sigo, e faço-me homem, de corpo vestido, sigo o ritmo, mas... mas sou mais que isso, que tudo isso que o próprio corpo carrega.

Não é fácil para a essência, ser apenas uma fragrância, ela é muito mais, é o verdadeiro início. Não é fácil ser um homem qualquer, quando se sabe que se é uma alma singela, equilibrada no éter da sua própria existência. Quando fundimos o quotidiano com o sonho algo se agita no Universo do nosso mundo, perde-se o equilíbrio, é preciso encontrar um novo centro de gravidade.

Misturar o divino com o profano, descaracteriza o ser, fazem-do por vezes um mero vazio, nem homem nem deus, apenas nada. É preciso depois encontrar equilíbrios, balanços que permitam a existência desse novo ser, exclusivamente no plano Terrestre. Que ele não perca a asas e se agarre apenas à Terra, esquecendo-se das suas raízes celestes.

Há no tempo um lugar de esperas, um sinal de silêncio que invade os corpos e os despoja de roupas, de sentidos e de medos. Há no tempo um momento, um instante em que somos tudo aquilo que gostaríamos de ser, sem resquícios de tristezas, euforias ou desejos. Há neste tempo um instante em que paramos para olhar para trás, como se a saudade fosse já uma constante antes mesmo de partirmos.

Hoje, neste lugar feito de tempo, deixo os passos partir rumo ao futuro enquanto me sento, sobre mim próprio com vontade dum abraço teu. Hoje, neste sítio onde me espero, vejo aproximar-se o passado que segue em direcção ao seu futuro, como comboio que passa sem parar nesta estação. Hoje, aqui mesmo onde estou, sinto a brisa leve do vento que segue rumo ao horizonte, sinto o perfume das gentes que segue envolto neste nevoeiro silencioso que me aconchega.

Deixo a música tocar, invadir a sala e dançar, sem corpos, como se aqui, neste mesmo lugar, o tempo tivesse feito uma pausa para só me encontrar. Fico a olhar, o desenrolar da vida em meu olhar, como filme que gira em torno deste sítio mágico onde sempre venho descansar. Sorrio e vejo a minha própria figura, puto inocente, jovem irreverente, poeta louco e confuso, artista tonto e cego, surdo, mudo e tudo, tudo isto me faz ficar, quieto, aqui neste lugar.

Sinto ainda os detalhes de um corpo que desliza por entre as pontas dos dedos, um instante de prazer que em teu ventre se perde, num toque suave entre as peles de corpos diversos. Percebo ainda os teus olhos cerrados em busca da luz que do fundo do túnel se eleva, como raio cósmico em direcção ao fundo da tua alma. Sinto ainda o tremor suave de um corpo que estranhamente recebe o meu.

Escuto ainda os gemidos dos sentidos, quando me adentro em ti, o calor com que me abraça o prazer que me fazes sentir. Olho ainda cada ângulo de ti, como se fosse efectivamente um último instante, antes mesmo de voltar a ver o brilho do teu olhar num amanhecer do teu rosto na outra face da Terra. Pressinto agora o prazer com que me recebes em cada lugar, como se fosse o derradeiro encontro, porque depois virá outro dia e nada está definido à partida, e a chegada não se sabe se ocorrerá nesta vida.

Na ânsia de não me perder nos meandros do prazer sem ter preenchido cada pedaço de ti, entro nas tensas vagas deste corpo que não controla todo o Universo, apenas e só pequenos arrepios do prazer que me provocas. E qual inocente deixo-me levar, sem saber onde parar, como e onde estar, em ti, contigo, aqui.

E mais uma noite me trás as palavras que te escrevo, enlevo destes sonhos que te acordo, sem saber até que ponto posso e devo tomar-te como minha, mas sigo, num caminho não demarcado, à beira de todos os precipícios sem saber onde vou chegar, sabendo apenas que em ti vou estar, permanecer, ficar.

És sabor de canela que em meus lábios se derrama, suave suspiro que preenche a minha cama. És tarde de chuva em dia de Inverno, meu corpo que te entrego como fogo que não arde nesta lareira da esperança que se perde no tempo.

És este momento, e teu olhar esconde tudo aquilo que me queres dizer, neste silêncio que a boca cala, mas o corpo em êxtase revela.

És prazer em plena conversa, copo de champanhe que se derrama em teu corpo por mim aberto. Pedaço de chocolate amargo e doce que em teu ventre derreto.

És passeio em pleno lago, lágrima suspensa no momento da despedida, instante de prazer sublime que aos olhos da minha noite te ilumina. És loucura a que me prendo, lugar ausente no tempo, onde me escondo para não me encontrar. Segundo apertado e terno que em tua voz adormeço, como criança em berço de embalar.

És o momento, aquele singular detalhe que ninguém em ti percebe, mas que meu olhar faz agitar, és o próprio silêncio que me acompanha enquanto escrevo, me leva daqui para outro lugar, és tanta coisa e simultâneamente nada, fada, duende encantada, que fugiu duma história de crianças para se vestir por segundos de realidade.

É no silêncio da minha alma que escuto os murmúrios suaves da tua voz, compasso e ritmo lento, envolvendo, fazendo-me sentir o prazer doce da tua boca. É nesta madrugada feita de ausências, enquanto dormes, que me corpo se acorda para te olhar. É nesta distância que percorres que sinto em teu esvoaçar a ternura dos teus lábios quando me vens beijar.

É nesta manhã de Inverno, que reparo nas nuvens do pensamento, recolho na pele a maresia deste momento, instante em que teu corpo disperso toca o meu, em que tua pele difusa se agarra à minha como orvalho derramado sobre as pétalas duma rosa. É neste Sol que não brilha, mas acalenta, nesta Lua que não aclara a noite mas se faz de prata no teu olhar, que me deixo ficar.

É por todos estes instantes, prazer roubado ao tempo, ao corpo e ao espaço, que me deleito em alimentar a alma de letras, traços e figuras que te fazem tão real, como a própria chuva, que lá fora cai sobre os campos verdes deste pequeno Universo. É por saber que estás aí, em cada dia que nasce, em cada entardecer que morre entre horizontes, que me deixo ficar aqui, sentado nesta varanda vazia a olhar para esta noite que se avizinha, fria.

Escuto o silêncio da noite. Murmúrio de séculos que trespassam dimensões. Sinto na pele um arrepio, momento em que Tua presença se sente. Escuto a voz dos tempos reflectida num rosto que se preenche de nuvens da memória. Percebo a intensidade do Teu poder divino, a energia que flui da Tua aura em direcção ao Universo visível.

Sinto a Tua presença em minhas orações, quando de noite Me acordas envolto em medos, como criança. Sinto a Tua mão protectora que me embala de novo em sono profundo, como se soubesse que não me deixarás cair. Escuto-Te, nessa voz macia, inaudível, e caridosa que me afasta do precipício e me conduz à segurança dos Teus braços. Levas-me no colo, suportando meu cansaço, como Pai eterno que seu filho cuida.

Esta noite, como sempre vi-Te chegar, por entre a escuridão do quarto, como uma réstia de luz que me veio iluminar, abraçar e cobrir para que o frio da vida não me arrefecesse a alma. Ouviste-me no meu pranto, contei-Te os meus temores, confessei-Te as minhas fraquezas e esperei que entendesses este teu filho que sempre em Ti confia, e nunca Te esquece, nem no sofrimento, nem na alegria.

Não sei onde encontro o silêncio que a alma precisa, escuto gritos e ruídos por todo o lado, a multidão agita-se em redor, enlouqueço neste pranto, murmúrio de milhões de almas em sobressalto. Onde estás que não te vejo, não te sinto não te escudo. Não sei diferenciar tua voz no meio desta amalgama de gente que se contorce em dores, no meio deste fogo que queima a pele, perdi-me de ti neste sofrimento.

Preciso do teu silêncio, da noite tranquila, da calma da brisa que teu vento me aportava. Não sei porque fiquei sozinho, aqui entre toda esta gente, não sei porque me sinto perdido aqui no meio deste imenso nada. Onde está o meu Universo, dimensão calma que me agasalha, abraço terno e seguro, beijo longo e duradouro que sempre me fizeste chegar nas calmas manhãs de Primavera. Porque não acaba este frio que me gela a alma, este Inverno que me lembra outro inferno, porque não pára esta tempestade de zumbir em meus ouvidos.

Silêncio, suave e profundo, que embala a alma num sonho tranquilo, noite de paz, harmonia e ternura como berço que minha mão empurra. Beleza pura que meus olhos cerrado descortinam no negro desta noite, que em sono pesado, descobre na estrela mais próxima como luz que brilha firme e segura, no final deste longo e escuro túnel.

E chega essa paz, que com água aquecida escorre pelo corpo todo, deixando a alma tendida em cama suave, e consigo assim vê-la

adormecida, no mesmo sitio onde sempre a encontrei.

Recebo o teu espírito em meu corpo, como bênção divina que desce sobre mim. Ilumina-se a noite em devaneios de doce loucura. Exalo o perfume do teu beijo e liberto as fragrâncias do teu corpo. Fecho os olhos privando os sentidos, agito os braços em perpétuos movimentos. Sinto o frenesim da alma que em mares turbulentos se agita. É o êxtase da magia que invade o meu espaço, recordações de instantes, momentos de prazer que gritam.

Depois vem o silêncio, a calma e o aconchego, o corpo recolhe-se para se sentir mais próximo da sua própria aura. Não há nada em seu redor, paira simplesmente no vazio, como se fosse floco de neve, frio. Fico na suspensão desta insustentável leveza, sabendo de que de um segundo a outro a gravidade me fará cair em abismos de realidades, puxando-me para outra dimensão. Silêncio, não se escuta nada durante a inércia deste segundo.

Depois desço em espiral, escuto os gritos das pessoas nas ruas, os ruídos dos carros que se amontoam em azafamas filas intermináveis, vejo o Sol que queima o olhar, acabado de acordar. Sinto a náusea de tamanho despertar, sobressaltado, agitado, arrancado ao segundo anterior pelas próximas horas de vida intensa e chela de perplexidades.

Descubro-me no meio da rua, envolto na multidão que em vagas se

agita e me leva de um lado a outro neste oceano chamado quotidiano.

És brisa de mar, lugar secreto onde te espero encontrar. És magia por inventar, onda que em minha praia vem ficar. E abraço o teu corpo, como flor de luz, intenso perfume que minha libido seduz. No teu prazer me aconchego, e nesse corpo perfeito me deito. Aqui sentado, deixo-me estar, esperando por ti, fixando no horizonte o meu olhar.

Chegas com o perfume da manhã, com a aurora de um novo dia que minhas letras faz brotar, como versos por rimar. E da luz dos teus olhos nasce o calor que me invade a alma, como farol que me permite encontrar, esse lugar onde a noite se deita com o mar. Sabes, haverá sempre um instante, em que os corpos se deixam ficar e as almas se elevam em direcção à eternidade, esse é o momento em que nos unimos, ficamos ali abraçados como dois pedaços dum só ser.

As águas tépidas deste lugar, acariciam-me a pele, como se fossem tuas, essas mãos que de maresia feitas, se derramam em caricias sobre o meu corpo. És o orvalho que neste novo dia salpica as folhas desta árvore em que me transformo quando a noite se esconde e o dia se faz claro. Não vou embora, deixo-me ficar, agarrado à Terra, só para sentir o perfume desta Primavera, que

contigo vai chegar.

Há um equilíbrio difícil de segurar entre a realidade e a eternidade, uma porque finitamente curta, outra porque infinitamente longa.

Hoje sou apenas e só energia, perdi os corpos que tive algures atrás de mim. Neste instante de desprendimento, sou outra vez essência, pura e simples, sem qualquer tipo de tempo, contra-tempo ou condicionante. O corpo, tantas vezes sujeito ao espaço, à sua própria dimensão, limitado nos movimentos, espartilhado nos compromissos, deixa-se sufocar, morrer na perpétua corrida por conseguir o equilíbrio que apenas o espírito consegue alcançar.

Não adianta dizer que se é capaz, não adianta tudo tentar fazer para lá chegar, não há como não possuir ou ser possuído, como não condicionar ou ser condicionado, enfim esta dimensão é a dona do espaço e, o tempo aqui limita-se a horas, minutos e segundos que decorrem de dias semanas e meses. Por mais que queira não sou capaz de me fazer transportar por inteiro, tenho sempre de deixar-me ficar, para trás, neste tempo, seguindo de mim apenas a luz, energia que meu espírito ilumina e se transfere de corpo em corpo até à eternidade.

Se me perguntares se gosto de ser como sou, dir-te-ei que não, mas, aqui e agora, não posso, não devo, ser de outra forma, estou agarrado à Terra, e a sua gravidade esmaga-me as asas,

impedindo-me de voar. Mas, sei fazê-lo, já te mostrei como o faço, e sempre que a realidade perde velocidade, consigo libertar-me e divagar pelo espaço/tempo ao encontro do teu sentido, da tua energia que flui em direcção a mim.

Mas, este não é o melhor momento para falarmos de outros espaços, dimensões e eternidades, porque o corpo fechou-me dentro dele, pela força da gravidade.

Esta noite voei sobre a magia do oceano aberto, por lugares perdidos na linha limite do horizonte. Esta noite de magia estive perto das estrelas, de lugares iluminados. Esta noite senti todo o meu corpo elevar-se, sabendo que me chamava uma força imensa que requeria a minha presença. Senti o silêncio desta madrugada por acordar, do sonho que em nuvens suaves me embala. Esta noite percebi porque me escolheste, porque me levas, me elevas e me fazes ser especial, mesmo sendo um comum mortal.

Posso não entender a dimensão desta força, não saber sequer como a usar, mas sei que ela existe e me persegue em cada passo que dou, em cada prece. Esta noite vieste ao meu sonho, como anjo, anunciar-te, lembrar-me daquilo que sabia e não queria entender. Levaste-me, fizeste-me salta mais alto que a montanha, cair pelo abismo profundo sem sequer me arranhar. Pareceu-me ser sobre humano, ter a capacidade de não sentir dor, perceber a força

que me transmites em cada vez que me recordas a diferença que a mim aportas.

Lembro-me que o mundo estava a terminar, e nesta batalha contra o tempo, levavas-me a correr por entre catástrofes, como se me quisesses salvar...

...acordei, e este sonho pareceu-me tão real que me fez estremecer.

Deixo ficar o meu corpo, entrego ao Pai os prazeres da carne, sigo rumo ao infinito, abrindo as asas, estirando meus braços. Mergulho neste voo picado, percorrendo as paredes íngremes do abismo, roço minha penas em arestas afiadas, desbravo caminhos ocultos. Abraço as palavras, recebo em mim tua alma, como novo reencontro, caminho tantas vezes seguido, de regresso ao espírito, à essência, à pureza dos sentidos.

Bebi do teu corpo, provei no teu cálice o néctar da luxúria, momento em que me fiz homem, em que senti na pele o traço de teus dedos. Mas a alma voa mais alto, não pode confinar-se ao corpo ou tornar-se-ia mortal. No cimo deste penhasco, onde a Terra toca os Céus, deixo um pedaço do homem, corpo despido de alma que entrego à terra, para voar mais alto, ser mais leve e tocar a eternidade.

Comigo levo um pedaço de ti, um perfume, verdadeira essência que tua alma guarda em lugar secreto que apenas as plumas de minhas asas conseguem tocar. Sinto no ar, cada momento, guardo no olhar

cada instante, em que por momentos se fez realidade. Homem e Mulher se fundiram num único corpo, que guardará para sempre um sinal dessa fusão.

Nesta Noite, regresso à magia dos tempo, lugar onde habito, onde sou apenas uma luz, que na noite escura brilha, como centelha de esperança, farol que sempre guia ou, tão simplesmente, uma mera estrela cadente, em pura agonia.

Abre-se o tempo, em partes iguais do mesmo sentido, lembram-se as aves de doar suas asas para que possamos voar, não há limites espaciais, não lugares aos quais, não possamos ir. Hoje ganhamos o céu, eternidade feita de folhas de papiro. Antigos escritos que revelam a essência do próprio ser. Hoje fomos muito mais que gente, muito mais que pequenos deuses, sem nomes escritos nas folhas brancas do quotidiano.

Entrego-te uma pétala da flor de minha alma, como recordação do ente que em mim habita, pedaço de eternidade que seguro com os dedos do tempo, vento, que a brisa levanta e em teus cabelos se agita, como bandeira desfraldada, como paixão ardente, velada. És muito mais que uma asa, és a própria ventania que em altas vagas se se faz maresia, pedaço meu que deixo em ti ficar.

Depois do tempo não há mais nada, nem uma singela lágrima que chore o pranto do destino, pequeno e ínfimo desígnio desta fantasia

que faço com as palavras. Depois de abrir os olhos desvanece-se o cenário, apagam-se as luzes da ribalta e os actores regressam a suas casas, cheios de aplausos, vazios de sentidos, histórias ocas que no palco morreram, para que novas flores possam renascer.

Daqui, vejo-te florir a cada Primavera que passa, a cada mulher que tocas com o perfume da tua essência, admiro-te, venero-te mas, deixo-te seguir o teu caminho, fico à espera que a noite regresse e te traga a mim.

Na imensidão deste lugar, espero o tempo que há-de vir. Recordo os instantes em que fiquei suspenso nesta dimensão vazia. Sinto o gosto do ar que se adensa nos lábios em forma de orvalho. Percebo que estou sozinho, pendurado por fios invisíveis deste céu onde as nuvens cobrem o azul do espaço. É noite, e o silêncio invade todo o instante. A atmosfera carrega-se de cheiros intensos e descubro que sou uma árvore, de pés cravados na terra molhada, neste chão onde me deixo ficar.

Sucedem-se as auroras, percebo que não posso ir a lado nenhum sem que corte as raízes que me prendem a este lugar. A paisagem altera-se, perde-se o verde luxuriante para se ganhar o amarelo das areias deste deserto em que se transforma a Terra. Sinto na pele o calor sufocante que me queima, me incendeia e mata. Recordo aquele riacho que outrora regava meus pés, deixando-me fresco e

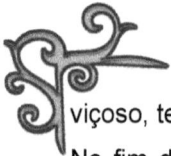

viçoso, tempos de juventude em que tudo era sempre um sonho.

No fim dos dias, a caminhada rumo aos céus terminou, os ramos despidos desta árvore oca, cedem sobre o peso de um passado cheio de cicatrizes, fogos e guerras, momentos de puro prazer, ou simplesmente o silêncio daquelas tardes de Primavera em que vinham pousar nos meus braços pássaros que cantavam lindas melodias.

Percebo agora a força de cada letra, a intensidade de cada palavra, o sentido de cada frase, que, duma forma mágica se veste, de sentimentos e fantasias. A metáfora que se apossa do corpo de mulher, o verbo que encaixa no corpo de homem, para juntos dançarem a melodia da paixão que se funde num só parágrafo. Entendo agora a urgência dos dedos ao percorrerem as folhas brancas, o jeito trémulo com que seguram a caneta, ou, a inconstância com que acariciam as teclas.

Esta maré que de tempos a tempos toma conta de mim, alagando todo o areal do meu corpo, invadindo a minha alma com a necessidade premente de traduzir para letras todas as emoções que esta vaga transborda no meu peito. Sei tantas vezes ser apenas o mensageiro, aquele que apenas imprime a palavra, mas, ainda assim, ofereço o meu corpo oco ao vendaval. Entrego minhas mãos à obra que deve ser construída, não como arquitecto, mas como

obreiro.

Vejo em ti o reflexo do prazer que te aporto, ao levar na brisa deste cálido vento, as letras que há muito tempo esperas. Vejo o brilho com que abres as missivas e descobres nelas a luz e a esperança, os sonhos feitos de letras que há séculos procuravas. Mas, eu sou apenas a mão que escreve, o obreiro que edifica, não sou o Criador, apenas um humilde servo.

Dormente, a alma desperta, faz-se de vento este tormento que me afaga. Silêncio, nada. Lugar perpétuo em que te habito, como ave perdida no vazio dos tempos. Sou mago sem magia, luz que se apaga em agonia. Sou apenas este lamento que em ti morre como recordação de um momento em que em ti me semeei. Deixei-me ficar entregue ao vendaval, de corpo descoberto, despido e frio.

Deixei o temporal lavar-me a pele, deixei as lágrimas ficar no rosto, como recordações de instantes em que te penetrei a alma, em que meu corpo foi teu corpo e juntos éramos um. Hoje sou apenas uma chama que se agarra ao último lenho, querendo sobreviver às brisas agitadas deste vento. E este silêncio, que em meus ouvido ressoa como sinos que ensurdecem a alma, agitam a calma num tormento constante que me enlouquece.

Resisto, ao frio e à chuva, sabendo que tenho de ficar, de raízes secas na terra molhada, enfrentando todas as agruras deste

Inverno, qual deserto que em meus campos nasceu, para matar a saudade de não estares aqui, habitando meu peito. Entreguei-te as asas para que teu voo fosse perfeito, deixei-me ficar para trás, no caminho vazio de gente que já não o percorre. Alegra-me ver o teu voo, lá bem no alto, airoso e alongado, como Fénix renascida das tuas próprias cinzas, e isso chega-me para ficar aqui.

Acendo a luz da vela, ilumina-se o espaço de luz trémula. A noite ganha vida neste exíguo espaço. Preencho os cantos de incenso, queimo-os e invoco os espíritos, é tempo de ganhar forças. Em mim recebo os aromas, sentidos em cada poro, em cada gota de maresia que rega a minha pele. Viajo pelo cosmos, flutuando na essência do Éter, meu corpo é como uma nave que flui no espaço aberto, recebo-te quando teus dedos tocam o meu corpo.

Invades-me, como uma maré viva, tomas conta de cada milímetro deste corpo, conquistas cada sensação, como se fosses tomar-me de assalto. Deixo-me estar, sou catalisador da tua alma, filtro em mim cada presença do teu espírito. Purificas-me os sentidos, arrepiando-me, como se fosses o próprio vento do norte.

Penetro o teu corpo, como último desígnio desta matéria que se fecunda em teu ventre, âmago cálido e fremente. Fixo as minhas mãos em teu dorso, como se quisesse domar a fúria de ter próprio corpo, e deixo-me embalar neste devaneio, loucura, luxúria que

ambos absorvemos. Solta-se da garganta o grito, alarme que desperta o ser selvagem que em ti habita, gritas, com a suavidade de um beijo, que sela meus lábios, calando ali mesmo este momento.

Acordo de corpo dormente, sonho ausente, ou regresso, ressaca de um breve instante em que cruzamos dimensões e sentimos o êxtase desta viagem intemporal.

Sigo o curso deste rio que é teu corpo. Como barco desgovernado, sigo a corrente que se agita e me leva numa viagem plena de sentidos por todo esse mar. Sigo-te a onde quer que vás, como vagabundo perdido em ti. Sobre a areia dessa praia secreta, enseada escondida onde te entregas a mim, tomo-te nos braços, embalo teu corpo despido, como escultura de areia macia que em minha pele adormece.

Da música retiro os sons que adormecem tua alma, dos livros as letras com que te escrevo, como poema inacabado, que a cada dia te entrego, como lágrima derramada na face seca e envelhecida. Saudade, ou simplesmente cansaço pela espera que em ondas me alterna, como este oceano que em mim se agita, em marés que me levam e me trazem, como despojo de naufrágio em praia perdida.

E no silêncio que me corpo encerra, guardo os segredos do teu, momentos em que os dedos resvalaram por tua pele, como gotas de

maresia que agora em mim se depositam. O tempo segue em direcção a lado nenhum, e aqui ficam as letras que registam as lembranças, recordações de instantes por viver que tão reais em nós se fizeram que sentimos tê-los já vivido.

A Lua ergue-se no céu desta noite. O seu brilho mágico extasia o meu olhar. Regresso ao instante da criação, momento de pura e simples magia. Descubro na ponta dos dedos a capacidade de te criar com as minhas mãos. No ar desenho traços soltos que se vestem com os contornos do teu corpo. Esculpo a fogo lento um corpo feito do nada como se soubesse de cor as formas e percebesse os teus sentires. Espaço que ganha forma entre meus braços, naquele terno abraço.

Na boca coloco um sorriso e dos lábios desprendo letras que não digo, escrevo-as como se quisesse que as escutasses. Sei que a brisa imensa deste oceano acabará por transportar os sentidos, e, num banho de mar, sentirás na tua pele o desflorar do meu corpo em teu âmago. Sei que, onde quer que me escutes, sentirás o suave silêncio da minha voz, que te canta, na melodia deste luar, as canções que nunca escrevi.

Os teus sentidos acordar-te-ão para um novo amanhecer e serás luz, que num novo dia se fará de brilho ofuscante, serás Sol que nasce pela manhã, e eu, serei apenas o reflexo do teu brilho, que

noite após noite te recorda que amanhã haverá mais um dia, porque o teu Sol, continua a brilhar, mesmo quando o não vês.

Nesta dança de corpos, celestes, seguimos-nos um ao outro, na distância, até que um eclipse nos funda, totalmente.

Caminho, por entre as árvores da floresta, sinto as folhas mortas cederem ao peso do meu corpo. O meu olhar persegue o infinito na busca incessante da tua alma. Sei que estás aqui, entre estes troncos cobertos de musgo, na sombra destas letras com copas de folhas. Percebo a tua presença neste ar húmido, que me gela a carne, me afaga a alma, como se fosses uma carícia.

Apoio-me sobre a folha branca, que a traços largos preencho de letras. Frase feitas tanta vezes de formas diversas. Falo-lhe da saudade que os meus dedos têm de tua pele. Conto-lhe sobre os mundos encantados por onde minha alma viaja. Anos a fio, séculos por onde caminho em direcção ao mesmo vazio. Sei que passo por ti, diversas vidas nossas se cruzam, na encruzilhada de mundos e dimensões.

Neste caminho, de regresso ao meu lugar de sempre, sento-me para te olhar mais uma vez, antes mesmo de voltar para o meio das letras, numa pausa entre construções de sonhos, relatos de outros tempo, outros lugares onde já estivemos, onde andamos de mãos dadas por entre a folhagem desta floresta. Volto ao silêncio do meu

escritório, onde sou mago, ou simples arquitecto de frases e momentos, forma de matar uma saudade perene que não acaba mais.

Junto as mãos, na concavidade que formam, sopro as estrelas que hão de criar um novo universo. Seguro o espaço suficiente para a tua alma, guardo-o em mim como pedra preciosa. Deixo os planetas girar e os cometas divagar por entre as letras deste sonho da criação. Em mim explode uma energia imensa que projecta a luz que teus olhos vêm, como brilho de uma única estrela que se expande em convulsões suaves de prazer.

Deste lado do meu olhar a noite é ainda uma criança em teu ventre macio, e a Lua ilumina-lhe o rosto secreto, escondido em ti. Nascem auroras e os trópico deslocam-se num turbilhão de pequenos meteoritos que riscam os céus escuros na procura dos teus seios para adormecerem. Esvoaçam teus cabelos longos que agitam as caudas dos cometas como se fosses vento celeste.

A magia é a atmosfera que respiramos, juntos, nesta criação fantástica de novos mundos, galáxias de prazer. A minha mão desenha na tela do teu ventre uma nova era, com o nascimento desta criança chamada Etérnia, um filho concebido por ambos. Sítio mágico onde o tempo se faz à medida dos desejos e o prazer é água que brota das rochas e se faz ao mar em riachos de ternura.

Mergulho o corpo na água tépida deste mar interior. Adormeço sobre a tranquilidade que me inunda. Não sei mais quanto tempo fico aqui, já não regresso dos sonhos, deixando de parte toda a realidade. Estas viagens entre mundos deixam a minha mente exausta e quero apenas ficar aqui, onde esta água me completa, me recorda os primórdios do meu tempo. Não sei já o que sentir, como perceber os caminhos a trilhar. Afogo-me neste oceano que a cada vaga me leva, me abraça como mortalha liquida.

Sinto saudades, e espero que ao afundar-me neste azul, alcance as profundezas do teu corpo como outrora, num suspiro suspenso em meus lábios. Beijo-te a boca que não se fecha neste abraço, e deixo de respirar como se sufocasse cada sentido em direcção ao teu ventre. Sei que não estás aí, sei que partiste para qualquer outro lugar, mas de qualquer forma deixo-me ficar.

Perco a noção do espaço, do tempo, e a realidade faz-se agora de visões de outros mundos que desfilam como se voasse em direcção a lado nenhum, escuto a voz que me chama, mas não sinto o apelo da tua pele que se entranha em meu corpo vazio. Percebo que não contenho a tua essência, mas que tu levaste toda a minha magia contigo, sorveste cada pingo da minha existência, deixando meu cadáver vivo para definhar nos anais do tempo.

Sou a prova de que a vida continua mesmo depois da alma partir, e tu o Sol que marca a linha do horizonte quando o dia adormece e a noite vem para me trazer a minha própria solidão.

O dia vem para me acordar, com seus raios de Sol que suavemente abrem os poros dos meus sentidos. As mãos elevam-se e de repente estou desperto. Olho em redor tentando perceber onde me encontro. Não sei como cheguei até aqui, não sei onde estou, mas sinto uma forte presença de alma. Levanto-me e caminho até uma porta. Lá fora a luz ofusca-me, preciso de um instante para me habituar a tanta claridade.

Estás sentada sobre a areia da praia, contemplando este mar azul que se estende até ao infinito, os teus cabelos esvoaçam ao vento, como fitas finas de cetim. Percebo o contorno delicado do teu corpo que despido se expõe ao calor da manhã. Teus pés banham-se na água das ondas que os vêm beijar com a suavidade deste dia.

Sento-me no alpendre em silêncio, apenas sentindo a brisa que trás até mim o teu perfume. Recordo o pesadelo que nesta noite me assolou a alma, realidade que me estremeceu, mexeu com o meu ser e me fez soçobrar. Mas agora estou aqui, sentado, olhando ter corpo esbelto enrolar-se no mar enquanto mergulhas. Sabes que aqui estou, sem me teres olhado. Qual sereia entregas-te ao mar para este te embalar.

Seguro a terra na concha da mão, dos dedos suspendo uma gota de orvalho. Deixo que se misturem como se fossem barro. Sopro o vento quente que no meu âmago nasce, símbolo do fogo que me arde no peito. Ar que molda teu corpo divino. És estátua imaculada que de mim nasceu, pedaço de uma estrela qualquer, que encerra o brilho no centro da alma. Sou escultor de utopias, mago sem quaisquer magias, lugar perdido no tempo, cama onde dormias.

Escutas-me do outro lado do tempo, como se fosse minha voz vento. Encosta teu ouvido em meu peito, para leres o meu próprio lamento. E sou apenas ternura, que com meus dedos te afago, neste terno e caloroso abraço que segura teu corpo. Sou a tua lembrança. eco difuso de recordações, lugar eterno de emoções. Lago perdido nas memórias das vidas que por tantas vezes cruzamos sem nos termos encontrado.

E é neste espaço, neste prelúdio, que vamos estando, ficando aqui, saboreando o gosto de saber que a existência não é mais que um breve instante entre uma e outra dimensão. Que a vida é apenas um degraus para alcançar o topo deste monte, Olimpo desejado, tantas vezes adiado, esperado.

Seguimos, ao ritmo desta corrente de energia, que nos guia, leva e agita, como ondas neste mar que na praia adormecem.

Sou letra em mar de palavras, pequena e singela jangada que segue os destinos do oceano. Sou palavras, tirada à liberdade dos pensamentos, que seguem os ventos que sobre mim sopram. Sou texto comprimido, entre amalgamas de folhas, caractere imprimido vezes a fio na magia de todas estas noites.

Nasci, como livro aberto, repleto de letras. Histórias de encantar, pedaços, momentos em que me liberto e me entrego nas asas do vento. Sou conto por dizer, lugar perdido entre séculos, pedaço de várias gentes. Sou silêncio, que nas noites te abraça, luxúria, beijo e nada, que no vazio te envolve. Sou imagem, sonho ou quadro que em vários matizes se representa, lugar que encontras em minha pele, quando me sentes e não me tocas.

Hoje sou apenas uma só letra, sobre branca tela, vazio que contem a essência destes tempos, alma que se expressa em tantos manifestos. Sou um único caractere que em negro me escrevo, sobre a imaculada pureza deste tempo, árduo sentimento que me habita, triste certeza que confirma o fim deste pequeno texto.

Sigo o fio da noite, como limite entre mundos, como sombra, entre luz e escuridão. A música embala a essência e a alma faz-se de tempo, instante em que os corpos se tocam num único e singelo abraço. É madrugada e as letras pendem das estrelas como se fossem cair do céu em lágrimas de luz. Luz que destas velas,

ilumina todo o firmamento, agita-se ao sabor do perfume que é teu vento.

Os silêncios escutam a melodia do palpitar sereno do teu coração, pura, simples magia que esta noite tranquila encena, como passo de dança perdido no bolero de um beijo. Corpos abandonados em devaneios, consomem os segundos como se fossem fogo, virando os minutos em ondas de prazer que morrem em horas tépidas.

Recebo-te, envolta nos fluidos do êxtase, como ninfa encantada em plena epopeia. Bebo a tua paixão, em goles suaves deste néctar feito do mel dos deuses. Entregas-te, com a certeza que te sustentarei, com a delicadeza com que acaricio a tua pele, recebo-te, abraço teu ventre, símbolo do berço de toda a tua humanidade.

Em suaves instante de loucura, a alma entrega-se ao corpo, o vento abraça-se às árvores que se agitam em ritmos cadenciados. Deixo que a pele sinta, receba as tuas carícias, que se estendem por toda a planura do me ventre, e sinto, teus dedos percorrer as distâncias que nos unem, colados um no outro como folha de um mesmo livro.

As essências mesclam-se em perfumes combinados, que revelam os sentidos, os prazeres e as luxurias que desprendemos, como frutos já maduros no apogeu dum Verão acabado de começar. Dos lábios soltamos o gosto dos beijos, molhados, que as línguas abraçam como laços. E dos olhos, fechados, soltam-se estrelas de

mil cores que ofuscam a mente, deixando-nos envoltos numa neblina de mistério.

Silencia-se o mundo lá fora, estiramos as asas da imaginação para voar sobre o tempo infinito, seguindo os vales da eternidade até chegar às montanhas desta saudade que aos poucos se vai consumindo no prazer. Esquecidos, deixamos-nos ficar, neste lugar sem margens onde as letras fluem, como memórias perdidas em livros escritos na magia da noite.

Regresso, à sombra dessa árvore imensa que me protege do Sol quente, Verão ardente. Volto ao silêncio dessa tarde, onde nem o vento se faz sentir, percebendo na pele a calma deste calor abrasador. Deixo repousar o corpo cansado das travessias destes desertos, abraços de solidão em que meus braços me envolvem. Estou só, com a minha própria alma. Um monólogo de palavras caladas, consentidas neste olhar de menino triste que espera apenas que mais um dia passe.

Hoje deixo as páginas brancas, imaculadas, como a pele de teu corpo, seguro os dedos, enrosco as mãos uma na outra, como se proferisse uma prece qualquer. Adormeço na esperança de uma qualquer ressuscitação, ou quiçá aguarde a vinda, o regresso de ti, não sei, limito-me a ficar, aqui.

A noite cai, trazendo com ela a magia. Encontra-me ali, abandonado

sobre o chão agreste, sabendo que ainda sobrevivo ao vazio, percebendo que resisti aos elementos, ao desgaste deste tempo, que teima em arrastar-me consigo. Estou frágil, como pétala perdida duma rosa qualquer, caído sobre esta Terra agreste, esperando que minhas asas possam erguer-se aos céus, voltando a voar.

Sinto a ausência de tempo em tua presença, como pedaço dum momento que nasce em meu peito. Sinto no vento esse lamento, que em ondas de magia me segue. Teu corpo despido é leito de minhas palavras, história duma vida marcada nas curvas de tua pele. És meu livro, que de páginas vou enchendo, recantos e histórias de encantar que te vou escrevendo. És também meu mar, que se agita em ondas de prazer, minha areia fina que entre dedos escorrega. Mergulho em teu ventre, como golfinho sedento de prazer, voraz amante que penetra teu ente.

Cubro-me de letras, como se delas fosse feito, como se meu corpo fosse pretérito imperfeito, ou talvez futuro, em cada frase que te escrevo. Na dúvida da minha existência, sou mago que em perpétua consciência vagueia em teus sonhos mais profundos. Falo-te de outros mundos, lugares que conheces de teus devaneios, fantasias que magicamente realizas, sem perceber muito bem como foram acontecer-te. Sou o silêncio que na madrugada escura teus olhos ilumina. Tu, meu alimento, diva, que minha mente desatina, loucura

ou simples demência que em minha parca existência flutua.

Neste abraço que nos damos, entre as histórias que te escrevo, e a viagens em que te levo, eu escrevo e tu lês, eu falo e tu escutas. Somos simbiose perfeita, nesta envolvência feita de sentidos que nos apertam e estreitam, como se fossemos cúmplices no mistério perfeito. Somos pedaços de um mesmo livro, letra e papel, história e historiador, sonho e sonhador. Nesta envolvência de emoções deixamos o tempo ficar, do outro lado desta janela, apenas para nos espreitar.

Seguro entre minhas mãos teu corpo, em minha alma deixo crescer a essência do teu ser. Percebo no teu olhar o espírito que te ilumina, como esta madrugada que aos poucos te resgata à escuridão da noite. Aconchego-te em meu peito, como se dormisses sobre a seda destes lençóis em que te envolvo. Sinto o perfume de teus cabelos longos, que se espalham como brisa sobre mim.

Há na noite esta magia, que de meus braços transborda, como cascata que derrama sobre teu corpo desnudo as lágrimas da saudade que nos chama. E nesta solidão partilhada, somos pedaços de um mesmo astro, somos filhos deste cosmos perdido. Meus dedos são gaivotas que em suave e terno voo, percorrem teu corpo feito de mar, azul da cor do céu que brilha nesta penumbra que nos envolve.

És um momento de escape, silêncio feito de tantas palavras que me cobrem, como manto divino que meu corpo aconchega. Somos perfume de incenso, ardente, que se consome nas letras que sabemos dizer, sem falar, neste murmúrio constante que trocamos. Deixo-me ficar aqui, abraçado a ti, como se a realidade pudesse cruzar-se com a ficção, como se as dimensões se fundissem e conseguíssemos quebrar o tempo, abrindo este vortex entre nós.

Escuto na noite a tua voz, murmúrio distante que me atrai. Sinto na pele o arrepio das palavras que como livros abertos se desfolham em ti. Sigo-te, perseguindo a essência do teu corpo, o gosto inventado da tua boca, o tacto suave de tua pele. Pressinto o palpitar do teu coração, essa agitação que se agiganta quando em teus sonhos me encontras. É mágico este momento, encolho minhas asas e fico a olhar-te, velando teu sono, criando teu sonho, como oleiro que molda seu barro.

Estás aqui, como presença constante em mim, como saudade que não pode existir, como vontade, louca de te ter. Mas fico quieto, olho-te apenas, desenho no ar as curvas da tua tez, persigo com a ponta dos dedos este momento, em que tua pele sente o meu toque e se arrepia, em teu sonho sou mera fantasia. Mas estou aí, sentado na cama a teu lado, como se fosse tão real que sentes o calor do meu corpo em ebulição, pura e simples tentação, a que resisto.

Sabes-me aqui, conheces o sabor das minhas letras, a cor dos meus olhos e até a textura da minha pele. Devoras-me, como livro de magia onde queres aprender a ler, onde percebes como saber tocar a alma. Mordes o lábio, num reflexo de prazer, eu percebo, entendo bem os sentires que atravessam teu corpo despido, rastreio no ar as essências da paixão que em brando lume se agitam no peito.

Na música das tuas palavras, escutam-se vozes de anjos, como se estivéssemos no céu. Canções e acordes celestiais que abraçam o espírito. A tranquilidade desse mar em que mergulhas é um elixir que inebria quem te toma. Perceber-te é como olhar através da água cristalina, como olhar no profundo olhar de uma criança. Saber-te é como fixar cada detalhe das pétalas duma flor, cada brilho de uma estrela no mapa celeste.

Sento-me, quieto, sozinho comigo mesmo, e espero a melodia do teu beijo, o toque suave de teus dedos em meus olhos fechados. Espero o aconchego da minha alma em teu colo, como se fosse eu criança, miúdo traquina que precisa de sossego. És silêncio que desceu da aurora boreal, és pólo que se aproxima do trópico procurando em mim o calor para tuas mãos frias. Fico sentado, no portal do tempo, recordando os momentos, tentando perceber a tua presença em mim, ver-te chegar, esperar-te.

As minhas letras acordam-te os sonhos, como se fosses a criança de outrora que entre lençóis se agitava, falava, e sorria, num sonho lindo de encantar, num beijo contido que em teus lábios flutua como nenúfar em lago tranquilo. Absorves os aromas frutados da minha pele como se fosse um anjo, percebes em mim a energia de outros tempos, sabes que estou sempre perto, perto de ti.

Estendo a mão, para te levar comigo nesta viagem ao infinito dos tempos. Onde tudo aquilo que vês te recorda outros momentos, outras épocas. Onde a saudade é o presente e não a ausência do que já passou. Onde a tristeza se faz de um sorriso e contagia quem dela se aproxima. Neste lugar o céu tem a cor do eterno pôr-do-sol, o verde estende-se a perder de vista e o mar é turquesa. Aqui o vento sopra com a suavidade das carícias e a vida gira em torno dos nossos próprios sonhos. Dirás que este lugar não existe, responderei que o inventei, que com minhas próprias mãos o desenhei e com minhas letras o pintei.

Nas asas que te empresto a cada vez que te trago em mim, que te convido para entrares no meu mundo, desenho-te os padrões da borboleta, as cores vivas deste arco-íres que faço surgir no astro, palete de cores que uso para te reescrever. As flores brotam como se eterna fosse a Primavera e as suas essências recordam-nos o perfume do incenso por queimar, sabores exóticos, de alecrim e

açafrão, pimenta e canela. Há uma cascata que se precipita do alto da montanha como se fosse suicidar-se lá em baixo, mas o lago calmo que a espera de braços estendidos, evita-lhe a queda.

É no sabor e gostos deste sonho que te trago, como viajante, para outra dimensão, onde as constantes do dia a dia se transformam em variáveis, onde as rectas deixam a perfeição da sua linearidade para se fazerem das curvas do teu corpo que não me canso de redesenhar, como se quisesse atingir a perfeição, ou, talvez seja apenas a ânsia de sentir o toque da pele. A realidade não passa de uma circunferência que se repete a cada dia, e passa numa tangente desapercebida deste outro mundo que consegues ver através dos meus olhos.

Descubro-te, como flor por desabrochar. Toco-te a alma, imaculada, como guitarra por dedilhar. És som, suave e terno, música de encantar. No teu corpo me faço Homem, em teu ventre amadureço. Sou palavra esquecida, frase já lida, num livro deixado, perdido numa estante qualquer. Sou vento deste deserto, que sobre teu corpo esvoaça, sou alma, sou pássaro. Sou noite adormecida, mar em brando marulhar, sou apenas um pedaço da tua vida.

Meus dedos perdem-se em terras férteis de tua pele, macia, arada ao sabor desta magia. Sou Sol que te acaricia, em tardes de Verão ardente, sou beijo, molhado e dormente, que em tua boca sacia, a

sede que a saudade trás marcada em meus lábios de gente. Sou dedo estendido que teus lábios lacra, guardando para nós este silêncio perdido, esta saudade contida, poema inacabado, que jamais será escrito.

Sou muito mais do que te digo, és muito mais do que se sente em mim, somos circulo, côncavo e convexo, palavras desfiadas sem nexo, que nos deixam presos ao momento. Somos amor, paixão, sentido sexto, movimento imperfeito. Tudo mais que te digo, daquilo que ainda não criei, és musa, que a cada traço inventei, mulher, perfume, essência, de minha própria existência. Aqui sentado te escrevo, imagino e desejo, que em teu âmago me guardes, como instante de insanidade, segredo que é, a mais pura verdade.

Hoje passaste por mim e não me viste, o teu olhar procurava no horizonte a distância que não conseguia encontrar na proximidade da minha alma. Seguiste em passos largos, rumo ao futuro, esquecendo-te de mim aqui, sentado no rebordo do teu leito. Esqueceste o perfume de minhas palavras, o gosto que trazias na boca quando as amavas. Passaste e nem reparaste que estava contigo, sentado sobre teu ombro, esquecido.

Hoje foste recordação, abraço que em mim dou, saudade que se eterniza no momento. Hoje foste passado tão presente, ainda, dor, tangente, que em meu corpo se afinca, como espada inimiga.

Seguro esta lança que em pleno peito se adentra, para que sangue não jorre, para que cale o lamento. Sou efectivamente um castelo de letras, que ao mais leve silêncio se desmorona, sou cristal, que ao mais pequeno toque se estilhaça.

Já havia aceitado a sorte, de ser apenas letra, ausência e morte. Mas na luz da aurora sempre a beleza nos encanta, esquecemos que somos apenas alimento para que precisa, não podemos, não devemos viver dos próprios sonhos, pois estes são nosso próprio veneno. Mesmo de rimas descompassadas, regresso ao útero, lugar solitário onde escrevo, onde sou apenas o sonho que outros hão de ter.

Descubro nesta floresta a clareira onde projecto criar o meu lugar. Com minhas mãos, escavo a terra, moldo o barro com que construo os tijolos. Desenho a forma, idealizo o sítio das coisas, absorvo o perfume fresco, saboreio os aromas e inspiro a minha criação. Neste pequeno espaço construo um mundo, como se fosse um Universo feito à medida da magia dos sonhos. Sei que nem sempre consegues ouvir-me como querias, sentir-me como desejarias, mas saberás sempre vir até esta clareira, no meio da floresta.

Espero, depois do anoitecer, para olhar pelo tecto do teu quarto e ver as estrelas indicarem o caminho secreto para o teu mundo. Enigma escondido entre constelações, abrigo onde me esperas e

onde te encontro. Neste lugar, somos dois, ou até apenas um quando os corpos se unem num abraço. Tu, percebes em mim muito mais que eu, entendes como somos feitos dos mesmos átomos, e mesmo antes de te falar, sabes o que te digo.

Deixas-te estar, deitada a olhar, o céu profundo que até teu quarto vai para te espreitar, por entre essa janela pequena, junto ao telhado baixinho, sentes meu corpo em teu intimo, num detalhe paranormal que transcende todos os limites da nossa imaginação. Ficas ali, entre cores quentes, olhando a noite fria, e as estrelas brilhantes, distantes, mas tão perto do teu coração. E eu, detrás de ti, sentado, aconchego-te entre minhas pernas, num abraço apertado.

Sigo o caminho, como se para lá do próximo passo apenas outro passo se desenhasse. Percebo que o futuro caminha apenas mais à frente, e que as recordações são sombras que se reflectem nas minhas costas. A Lua e o Sol dançam, na suavidade de uma música que alterna entre o dia e a noite, sucedendo-se, como passo de dança, num ritmo constante. As estrelas acendem-se e apagam-se, como se fossem luzes de discoteca, que ao ritmo do bailado derivam nesta tela.

Ouves-me, e mesmo quando não digo nada sabes que estou aqui, sentado nesta cadeira de baloiço onde a cada fim de tarde venho para te ver adormecer, sou o teus próprio silêncio, quando não te

atreves a brilhar sobre o escuro manto da noite. Sou a tua presença quando os raios de Sol te fazem escolher o branco imaculado da tela para te vestires. Sou a tua palavras, quando num grito surdo sobre o papel duma carta te deitas em mim.

Sabes mulher, és poesia eterna, contentamento descontente que em meus braços se entrega. És o Sol, ou o seu reflexo na pálida Lua de Inverno, que estando presente não te vemos. És deusa em tua divina beleza, és oceano na magnitude da sua profundeza, és berço que o Homem embala, mas acima de tudo és palavra, pura e delicada que como flor em plena Primavera, se entrega nos braços de uma abelha.

Corres, montada em teu cavalo branco, pela areia da praia. Com a água a salpicar-te o rosto, segues veloz ao meu encontro. O azul do céu abraça o mar no horizonte, como se marcasse um encontro. Nos céus as gaivotas dançam como se escutassem a música do teu coração. O perfume desta brisa é maresia que teu corpo refresca, fragrância intensa que se espalha na atmosfera. O Sol vem beijar tua pele canela, sentir a sensualidade das curvas do teu corpo que se agita neste galope compassado pela praia fora.

Eu sou paradigma perdido no infinito lugar onde esta praia termina, luz no fundo do túnel, estrela ao fundo do firmamento. Letras, ponto final em fim de frase, parágrafo sem retorno onde todos os desejos

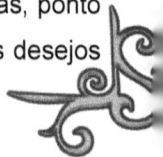

estão contidos. Sou texto, com sentido, pedaço de emoção que bate em teu coração, sou voz ausente, corpo celeste e distante, lugar imaginado, pura e simples utopia. Canção, conto, fantasia, formula alquímica, magia.

Todos os dias, vens em teu cavalo, solto, galopar na areia da minha praia infinita, onde as letras são areia branca, e as frases são ondas, calmas e tranquilas deste mar que vem molhar os cascos de tua montada. Meus dedos são a brisa, vento quente, que se adentra em teus cabelos, esvoaça teu vestido longo e contorna tua face num gesto de carinho. Nesse cavalo branco, solto na areia desta praia paradisíaca, mascamos encontro todos os dias, sempre que a noite cai. É pura magia.

Percebo a essência da tua alma, que entre meus dedos de luz se abraça. Sei das vozes que em teu peito calas, silêncios profundos que em ti guardas. Este murmúrio que escuto, são palavras que jogas no vento, são lamentos, prantos e desejos. Escuto a tua voz, que não se apaga em mim, como reflexo do teu ser, como desenho que descrevo sem ver.

Na noite que se alonga, sou leitor de tua história, livro que folheio como se teu corpo tocasse. Escuto a minha própria voz, que ecoa neste espaço imenso, ouço-me contar velhas lendas de encantar. Sou música da tua canção que com minhas próprias mãos vou

tocando. Sabendo-te aí, desse lado do teu mundo, escutando-me, como se assistisses, sentada no palco vazio à declamação da tua poesia.

Este tempo é um momento de pausa, entre aquilo que te escrevo, e o meu próprio desejo. É um tempo de reflexos, pensamento e sensações, que se suspendem de fios imaginários presos às estrelas do firmamento. A Lua, será o espelho, onde te olhas e me vês, onde te tocas e me sentes, onde te deitas e me acendes. Eu serei um frágil raio de Sol, que nessa superfície se reflecte, luz singela que tua alma acalenta, abraça e sustenta.

Abri os braços para receber teu corpo, acomodá-lo como se estivesse a chegar a casa. Abri minha alma de par em par, para receber teus sentidos que em mim se aninharam. Olhei-te e vi para lá daquilo que sabia seres, vi o arco-íris que ilumina o teu céu. Vi-te chegar, sentir, e abraçar. Percebi cada contorno do teu perfil, desenho perfeito dos teus olhos. Desenhei o teu rosto, com a ponta dos meus dedos, contornei teu corpo, e suspendi o tempo neste momento.

No calor da tua boca entendi o fulgor de um beijo intenso e no teu suspiro percebi a saudade que havia naquele preciso instante em que acabamos de chegar. Não sei de onde vens, muito menos para onde vais, mas não passaste por mim sem que pudesse tocar-te,

sentir o calor de um corpo em ebulição suave, sem que percebesse cada detalhe dessa alma que no ar sobre meu corpo se desenhasse.

Hoje amanheci em silêncio, sozinho sobre a cama, percebendo que afinal estava a sonhar contigo, como se estivesses ali, no meio do campo, entre o verde que nos envolveu. Ainda recordo a pele macia do teu ventre, que meus dedos absorveram como água fresca em fonte de rocha fria. Percebo agora o momento, que único se fez de uma recordação, sonho, ou pura ilusão, momento marcante em que meu corpo se colou no teu, em que juntos dançamos uma música qualquer.

Parti, sem que nunca houvesse chegado, e hoje percebo, no silêncio desta manhã, a saudade de algo que apenas pode ser sonhado, desejado e sentido.

Esta manhã fiquei sentado, a olhar os primeiros raios de sol, ali, sozinho no meio da casa, sentia o corpo dormente, percebia cada corrente de ar que passava pelo meu corpo. Fiquei durante algum tempo, apenas escutando o silêncio. De olhos fechados, recriei o encontro de dois mundos, que numa tangente se roçaram, deixando incrustados em cada um, pedaços do outro.

Esta manhã senti que estavas a meu lado, como em tantas outras manhãs, soprando-me ao ouvido, avisando-me da tua presença

como vento quente que me atravessa. Esta alvorada, no limiar entre a magia da noite, dos sonhos, e o lento despertar das realidades, apareces para me visitar, como estrela da manhã. Sinal de que terminamos a transição entre a noite e o dia, entre a ficção e a realidade.

Em minha boca, recordo ainda o sabor do teu corpo, em meus dedos guardo ainda pedaços teus, como último instante de um momento que ficou aprisionado no tempo, no meio desta galáxia perdida no cosmos. Restam as memórias que guardamos, recordações deste tempo em que se entregam abraços, beijos molhados. Neste livro sem palavras que é teu corpo, folheei-te, desfolhei-te com a ponta destes dedos de luz, que preencheram a tua alma e te entregaram a mensagem divina que para ti estava guardada.

Abro lentamente os olhos, a manhã desperta-me, acordando-me para a vida. Sinto a tua pele roçar a minha, teu corpo estende-se junto ao meu, como areal que prolonga minha praia. Sinto a frescura do teu rosto aconchegar-se em meu peito, como a brisa do mar. Sei de cor cada pedaço de ti que meus dedos feitos de luz percorrem. Conheço o silêncio desta manhã, num despertar suave, num abraço de corpo que se prolonga no tempo.

Abres os teus olhos, iluminas todo o quarto como se fosses um Sol,

espalhando raios de luz em todas as direcções. Despertas com o fogo do teu corpo que se enrola no meu e me chama, como se precisasse de matar a sede de séculos. Formamos um só ser, feito de corpos separados, mas tão unidos que se confundem um no outro. Os sentidos agora despertos levam minha boca à tua boca e meus dedos não se perdem agora em desenhos simples sobre tua pele mas adentram-se, aninham-se entre as partes mais erógenas do teu próprio corpo que é agora meu, nosso.

O cantar dos pássaros e a brisa fresca desta Primavera testemunham o êxtase do nosso amor, quando de corpo e alma no entregamos ao prazer de nos darmos prazer. Este jogo de carícias, estímulos e vontades, culmina num abraço de corpos apertados, perfeitamente encaixados em si próprios, gemido suave de luxúria que se desprende em mil palavras que calamos dentro do peito.

Fico em ti, acariciando teus cabelos e vendo-te adormecer novamente, com um ligeiro sorriso nos lábios.

Sigo o perfume encantado do teu corpo, caminho que desenhas ao passar por minha alma. Encontro a essência de mulher que me ofereces nas curvas do teu perfil. Sou pássaro, em voo livre sobre o espaço, seguindo cada rasto que me deixas quando passas por minha vida. Sou cometa que derivo em pleno cosmos, seguindo tua estrela brilhante.

Saboreio o gosto da tua pele, como se fosses mel, perco-me recreando-te em cada detalhe ínfimo de teu regaço, sabendo que és minha eternamente. Meus dedos são cascatas de água agitada que em teu ventre mergulham na inconstante procura do prazer que me entregas, como forma única de olhar, brilho incessante, onda em pleno mar.

Sabes bem como te quero, conheces em mim o desejo, fogo eterno e desmedido que num abraço te entrego. Conheces o meu corpo, como detalhe exacto de ti, percorre-lo em pequenas gotas de chuva que salpicam minha pele, arrefecendo-a, contendo nela toda a urgência, mantendo em ebulição esta estrela interior que se fecha em meu peito. Sabes bem o sabor de um beijo, como último lampejo dum instante em que foste apenas e só minha.

Neste silêncio de palavras te escrevo, num livro interminável de desejo, que sabes, seguro, sustenho, na ponta dos dedos. E tu ficas quieta, em teu mundo perpétuo, lendo-me, adivinhando cada toque que te escrevo, sonhando com esse lugar onde tudo seria perfeito.

Sentado no canto do teu quarto, folheio as páginas do livro da tua vida. Paro na primeira página em branco, e escrevo. Continuo a história, em letras desenhadas com o poder da magia que conduz os teus passos. Olho-te, vejo-te seguir em direcção ao futuro que para ti escrevo. Vejo o teu corpo balançar-se nesta caminhada, com

a sensualidade a que me habituaste, com a suavidade com que pisas o caminho, como se fosse seda. Afasto os obstáculos, desenhando-os ao lado da tua estrada.

De noite, quando te vens deitar, meus dedos de vento, afagam teus cabelos, adormecendo-te menina, mulher. Sopro os sonhos que haverás de sonhar e cubro-te o corpo com minhas asas, manto quente que te aconchega a alma. Fico quieto, no silêncio desta noite, num abraço leve que segura teu corpo junto ao meu. Escuto a tua respiração que aos pouco quase se faz inaudível, olho de perfil o teu rosto e percebo nele a ternura da criança de outros tempos, percorro-o com a ponta de meus dedos desenhado a face da mulher, em traços suaves.

Quando a aurora me chama, abro os olhos e continuas aninhada em meu corpo, como se fosse a tua própria cama, abro minhas asas e solto-te com uma leve brisa, para que despertes com o acordar do dia. Sigo-te sem que percebas a minha presença invisível, estou ali, afinal sou o teu anjo da guarda, devo levar-te em segurança ao teu destino.

Abre-me a porta do teu corpo, deixa-me em ti entrar. Abre teus braços de mulher, deixa meu ser em ti penetrar. Abre-me o livro da tua vida, deixa-me nele escrever-te. Abre-me a tua boca e deixa minha língua beber-te. Abre-me a tua alma, e deixa meu espírito

povoá-la. Deixa que more em teu mundo, como único habitante desse lugar teu, como único ocupante de teu corpo faminto, como único amante.

Abre-me a porta da saudade, para que dela saiam todos os sentidos, todas as tristezas e amarguras que a ausência me aporta. Abre-me a porta da ternura, para que por ela entrem as tuas vozes, carícias e afagos que me banham o corpo despido, como água tépida, vinho antigo. Abre-me a porta do prazer, para que em meu sangue ferva a tua luxuria, para que o goto agrido do teu corpo em mim encontre doçura.

Entrega-me o teu corpo, para que seja teu último regaço, cama onde te deitas, entrega plena de teus sentidos, amante, amigo, ou simplesmente seda que tua pele cobre, num abraço apertado que os corpos consome. Dá-me os teus sentires, para que os guarde em caixa secreta de minha alma, eternidade que te vela e te acorda, nesta melodia fantástica em que te ofereces em mim.

Dou-te o silêncio, que cubro com gemidos de prazer, nesta dança de ventres que se agitam, no vento quente deste adormecer que nos excita.

Sopro ao vento as palavras, em cadeias de frases encantadas, feitiço de outros tempos que pronuncio numa língua estranha. Declamo versos em parágrafos calados, recito as memórias e os encantamentos. Agitam-se na ponta de meus dedos clarões de uma amarelo intenso, no ar, o aroma de canela propaga-se para alem da minha própria aura. Formam-se as nuvens do nada, e surge teu corpo feito de nevoeiro, que caminha em minha direcção.

Olho-te nos olhos, feiticeira mágica que minha respiração absorves, como se te alimentasses da minha energia, como se bebesses de minha boca minhas próprias profecias. Quando nossas mãos se enlaçam a atmosfera dilata-se numa explosão de raios cósmicos que nos envolvem como se estivéssemos dentro de uma bola de luz. Quando na saudade das distâncias teus lábios tocam os meus, nasce um novo mundo, que se estende para lá de nossos corpos numa pradaria verdejante.

Pássaros de todas as cores seguem nossos passos que deixam para trás pegadas repletas de flores, as borboletas esvoaçam em redor de teus cabelos, como adornos vivos, e o teu sorriso enche-se da magia com que te criei, reluzindo lampejos da tua alma eterna. Sentamo-nos junto ao lago, deixamos a água feita de gotas de seda tocar nossos pés despidos, e neste mundo perfeito, minha voz é música que penetra em teu coração, tuas palavras são reflexos do meu, que se entrega num abraço apertado de nossos corpos.

Esta é a magia das palavras, com a qual te dou forma, através da

qual te animo, e, sem a qual, serás apenas uma utopia.

Continua...

www.ingramcontent.com/pod-product-compliance
Lightning Source LLC
Chambersburg PA
CBHW072005060426
42446CB00042B/1998